CB142021

Ambiente Organizacional

Dados Internacionais de Catalogação na Publicação (CIP)
(Câmara Brasileira do Livro, SP, Brasil)

Crubellate, João Marcelo
Ambiente organizacional / João Marcelo Crubellate. -- São Paulo : Cengage Learning, 2008. -- (Coleção debates em administração / coordenadores·Isabella F. Gouveia de Vasconcelos, Flávio Carvalho de Vasconcelos, André Ofenhejm Mascarenhas)

Bibliografia.
ISBN 978-85-221-0656-1

1. Administração - Teoria 2. Organização I. Vasconcelos, Isabella F. Gouveia de. II. Vasconcelos, Flávio Carvalho de. III. Mascarenhas, André Ofenhejm. IV. Título. V. Série.

08-06536 CDD-658.001

Índices para catálogo sistemático:
1. Administração : Teoria 658.001
2. Organizações : Teoria 658.001

COLEÇÃO DEBATES EM ADMINISTRAÇÃO

Ambiente Organizacional

João Marcelo Crubellate

Coordenadores da coleção
Isabella F. Gouveia de Vasconcelos
Flávio Carvalho de Vasconcelos
André Ofenhejm Mascarenhas

CENGAGE Learning™

Austrália • Brasil • Japão • Coréia • México • Cingapura • Espanha • Reino Unido • Estados Unidos

CENGAGE Learning™

Ambiente Organizacional
João Marcelo Crubellate

Gerente Editorial:
Patricia La Rosa

Editor de Desenvolvimento:
Fábio Gonçalves

Supervisora de Produção Editorial:
Fabiana Alencar Albuquerque

Produtora Editorial:
Fernanda Batista dos Santos

Copidesque:
Maria Alice da Costa

Revisão:
Camilla Bazzoni
Luciane Helena Gomide

Diagramação:
ERJ – Composição Editorial e Artes Gráficas Ltda

Capa:
Eliana Del Bianco

Impresso no Brasil.
Printed in Brazil.
1 2 3 4 5 6 7   12 11 10 09 08

© 2008 Cengage Learning Edições Ltda.

Todos os direitos reservados. Nenhuma parte deste livro poderá ser reproduzida, sejam quais forem os meios empregados, sem a permissão, por escrito, da Editora. Aos infratores aplicam-se as sanções previstas nos artigos 102, 104, 106 e 107 da Lei nº 9.610, de 19 de fevereiro de 1998.

Para Informações sobre nossos produtos, entre em contato pelo telefone **0800 11 19 39**

Para permissão de uso de material desta obra, envie seu pedido para **direitosautorais@cengage.com**

© 2008 Cengage Learning. Todos os direitos reservados.

ISBN-13: 978-85-221-0656-1
ISBN-10: 85-221-0656-8

Cengage Learning
Condomínio E-Business Park
Rua Werner Siemens, 111 – Prédio 20 – Espaço 3
Lapa de Baixo – CEP 05069-900
São Paulo – SP
Tel.: (11) 3665-9900
Fax: (11) 3665-9901
SAC: 0800 111939

Para suas soluções de curso e aprendizado, visite www.cengage.com.br

apresentação

Debates em Administração

E o fim de nosso caminho será voltarmos
ao ponto de partida e percebermos o mundo
à nossa volta como se fosse a primeira vez
que o observássemos.

T. S. Elliot (adaptação)

O conhecimento transforma. A partir da leitura, vamos em certa direção com curiosidade intelectual, buscando descobrir mais sobre dado assunto. Quando terminamos o nosso percurso, estamos diferentes. Pois o que descobrimos em nosso caminho freqüentemente abre horizontes, destrói preconceitos, cria alternativas que antes não vislumbrávamos. As pessoas à nossa volta permanecem as mesmas, mas a nossa percepção pode se modificar a partir da descoberta de novas perspectivas.

O objetivo desta coleção de caráter acadêmico é introduzir o leitor a um tema específico da área de administração, fornecendo desde as primeiras indicações para a compreensão do assunto até as fontes de pesquisa para aprofundamento.

Assim, à medida que for lendo, o leitor entrará em contato com os primeiros conceitos sobre dado tema, tendo em vista diferentes abordagens teóricas, e, nos capítulos posteriores, brevemente, serão apresentadas as principais correntes sobre o tema – as mais importantes –, e o leitor terá, no final de cada exemplar, acesso aos principais artigos sobre o assunto, com um breve comentário, e indicações bibliográficas para pesquisa, a fim de que possa continuar a sua descoberta intelectual.

Esta coleção denomina-se **Debates em Administração**, pois serão apresentadas sucintamente as principais abordagens referentes a cada tema, permitindo ao leitor escolher em qual se aprofundar. Ou seja, o leitor descobrirá quais são as direções de pesquisa mais importantes sobre determinado assunto, em que aspectos estas se diferenciam em suas proposições e logo qual caminho percorrer, dados suas expectativas e interesses.

Debates em Administração deve-se ao fato de que os organizadores acreditam que do contraditório e do conhecimento de diferentes panoramas nasce a possibilidade de escolha e o prazer da descoberta intelectual. A inovação em determinado assunto vem do fato de se ter acesso a perspectivas diversas. Portanto, a coleção visa suprir um espaço no mercado editorial relativo à pesquisa e à iniciação à pesquisa.

Observou-se que os alunos de graduação, na realização de seus projetos de fim de curso, sentem necessidade de bibliografia específica por tema de trabalho para adquirir uma primeira referência do assunto a ser pesquisado e indicações para aprofundamento. Alunos de iniciação científica, bem como executivos que voltam a estudar em cursos *lato sensu* – especialização – e que devem ao fim do curso entregar um trabalho, sentem a mesma dificuldade em mapear as principais correntes que tratam de um tema importante na área de administração e encontrar indicações de livros, artigos e trabalhos relevantes na área que possam servir de base para seu trabalho e aprofundamento de idéias. Essas mesmas razões são válidas para alunos de mestrado *stricto sensu*, seja acadêmico ou profissional.

A fim de atender a esse público diverso, mas com uma necessidade comum – acesso a fontes de pesquisa confiáveis, por tema de pesquisa –, surgiu a idéia desta coleção.

A idéia que embasa **Debates em Administração** é a de que não existe dicotomia teoria-prática em uma boa pesquisa. As teorias, em administração, são construídas a partir de estudos qualitativos, quantitativos e mistos que analisam e observam a prática de gestão nas organizações. As práticas de gestão, seja nos estudos estatísticos ou nos qualitativos ou mistos, têm como base as teorias, que buscam compreender e explicar essas práticas. Por sua vez, a compreensão das teorias permite esclarecer a prática. A pesquisa também busca destruir preconceitos e "achismos".

Muitas vezes, as pesquisas mostram que nossas opiniões preliminares ou "achismos" baseados em experiência individual estavam errados. Assim, pesquisas consistentes, fundamentadas em sólida metodologia, possibilitam uma prática mais consciente, com base em informações relevantes.

Em pesquisa, outro fenômeno ocorre: a abertura de uma porta nos faz abrir outras portas, ou seja, a descoberta de um tema, com a riqueza que este revela, leva o pesquisador a desejar se aprofundar cada vez mais nos assuntos de seu interesse, em um aprofundamento contínuo e na consciência de que aprender é um processo, uma jornada, sem destino final.

Pragmaticamente, no entanto, o pesquisador, por mais que deseje aprofundamento no seu tema, deve saber em que momento parar e finalizar um trabalho ou um projeto, que constituem uma etapa de seu caminho de descobertas.

A coleção **Debates em Administração**, ao oferecer o "mapa da mina" em pesquisa sobre determinado assunto, direciona esforços e iniciativa e evita que o pesquisador iniciante perca tempo, pois, em cada livro, serão oferecidas e comentadas as principais fontes que permitirão aos pesquisadores, alunos de graduação, especialização, mestrado profissional ou acadêmico produzirem um conhecimento consistente no seu âmbito de interesse.

Os temas serão selecionados entre os mais relevantes da área de administração.

Finalmente, gostaríamos de ressaltar o ideal que inspira esta coleção: a difusão social do conhecimento acadêmico. Para tanto, estudiosos reconhecidos em nosso meio e que mostraram excelência em certo campo do conhecimento serão convidados a difundir esse conhecimento para o grande público. Por isso, gostaríamos de ressaltar o preço acessível de cada livro, coerente com o nosso objetivo.

Desejamos ao leitor uma agradável leitura e que muitas descobertas frutíferas se realizem em seu percurso intelectual.

Isabella F. Gouveia de Vasconcelos
Flávio Carvalho de Vasconcelos
André Ofenhejm Mascarenhas

SUMÁRIO

Introdução

Ambientes e organizações são mutuamente explicativos, uma vez que não há organizações que existam em um vácuo social. Em qualquer livro contemporâneo sobre administração ou sobre teoria das organizações, o conceito "ambiente" aparecerá com destacada relevância, o que revela que o conceito, ainda que um dos mais antigos naquelas duas áreas, continua importante para explicar e, se não tanto, pelo menos para fazer referência ao conjunto de fenômenos de natureza tão diversa quanto os recursos naturais e o aparato legal que circunscreve e perpassa qualquer organização formal.

De certo que, na grande maioria dos casos, o tratamento dado à noção de ambiente revela preocupação central não com aquele conjunto de fenômenos por si, mas com a adequada condução gerencial dessas organizações formais, ou com o adequado entendimento de suas relações, seus processos e estruturas que, acredita-se, dependa (em ambas as situações) do grau de conhecimento que se tem dos processos e dinâmica tipicamente ambientais. Assim, se o conceito "ambiente" é tão freqüente na literatura especializada, sua importância é, por vezes, tida como secundária, seja para a gestão, seja para a análise organizacional. Em outros casos (refiro-me agora à literatura da área de estratégia principalmente e, em especial, àqueles textos centrados na preocupação com o planejamento racional das organizações), a enorme importância que aparentemente se dá ao ambiente organizacional é desmentida pela ingenuidade do tratamento que se considera possível dar ao conjunto de variáveis que se supõe fazer parte do ambiente.

Neste livro, entretanto, o foco está colocado sobre o próprio ambiente, sendo inescapável discutir as vinculações entre ambientes e organizações. Quando isso ocorrer, vou privilegiar uma vertente discursiva que priorize a análise do impacto de ambientes sobre organizações, do nível macro sobre os níveis organizacional e microssocial, mais que o impacto das organizações sobre os ambientes. Trata-se apenas de opção explicativa, e nada mais. A propósito disso, cabe ressaltar, é que a noção de ambiente é extremamente controversa em teoria social, apesar de raramente encontrarmos discussões que se aprofundem a ponto de explorar de fato seu significado. Em se tratando de sistemas sociais, como o são as organizações, o que de fato é o ambiente? Em administração e também em teoria das organizações, o termo é tomado como auto-evidente, mas isso é enganoso e perigoso, porque esconde uma série de premissas necessárias para que se possa admitir que organizações de fato estão inseridas em ambientes, assim como seres biológicos o estão, e que ambiente não é mais que uma metáfora. De fato, aquela postura discursiva, grandemente predominante na literatura de administração, encobre a enorme influência que as idéias sistêmicas ainda exercem sobre o pensamento neste "cômodo ainda pouco iluminado" das ciências sociais.

Tal influência não é problemática por si mesma, mas o baixo grau de disposição crítica e de precisão conceitual são entraves para o avanço da área, e devem ser combatidos. Isso não será feito neste pequeno livro, mas espero que ele sirva como referencial para a problematização de questões pertinentes à relação entre ambiente e organizações e, com isso, possa despertar o interesse por discussões que tomem o conceito como fundamental para a análise organizacional. Sendo fundamental, ele não pode ser apenas merecedor de esforços de sistematização do seu uso na literatura especializada (este aspecto atendido, pelo menos parcialmente, por este livro – assim espero!), mas deve ser alvo de avaliação crítica, assim como já vai ocorrendo em áreas como a sociologia, em autores vinculados a correntes neofuncionalistas e do pensamento complexo.

Na primeira parte deste livro, detenho-me sobre a tentativa de estabelecer marcos para o entendimento da apropriação do conceito "ambiente" na literatura organizacional. Além das origens do conceito, esforço-me para sugerir algumas matrizes teóricas que, a meu ver, fizeram aquela apropriação e foram responsáveis pela configuração teórica posterior do campo da teoria das organizações.

Após isso e em sua continuidade, este livro aborda o ambiente organizacional de duas perspectivas principais – chamadas "racionalista" e "naturalista" – que acredito abrangerem a forma como o conceito vem sendo utilizado nas várias teorias organizacionais, nas últimas décadas e atualmente. Ressalto, entretanto, que uma premissa que busco manter nesta monografia é que aquelas perspectivas de entendimento não podem ser tratadas como temporalmente seqüenciais, como se tivéssemos nelas qualquer tipo de evolução, temporal ou mesmo lógica. De certo que esta vem sendo a tradição nos livros sobre administração, principalmente aqueles sobre a chamada "teoria geral da administração", porém a considero inapropriada, pois é equivocada. O que espero é que, com essa minha opção, se entenda que o que ocorre com o conceito de ambiente é o desenvolvimento de idéias que já eram expressas em sua maioria – pelo menos em termos preliminares – desde os primeiros textos sobre a teoria das organizações e mesmo sobre administração moderna, e o que temos hoje não supera aqueles marcos iniciais, quando muito, constrói sobre seu fundamento idéias importantes, mas não inéditas em seus princípios fundamentais.

Não discordo de que várias mudanças conceituais ocorreram ao longo do tempo, porém, creio que a tônica da área em relação ao conceito aqui tratado deva recair mais na crescente precisão e distinção conceitual dada pelas várias teorias a respeito dos inúmeros aspectos e dimensões implicados na noção de ambiente organizacional do que sobre as novidades. Cada uma das perspectivas, portanto, será tratada não como necessariamente oposta à outra (ainda que isso por vezes ocorra, merecendo exploração nos casos em que isso for importante), mas como conjunto de teorias e explicações que tanto revela facetas específicas do fenômeno quanto – e principalmente – constrói conceitualmente o próprio fenômeno "ambiente organizacional" de modo peculiar e, às vezes, tão específico que impede comparações, enquanto, em outras vezes, sugere fortemente que a distinção de perspectivas é mero artifício didático, sem correspondência com os caminhos percorridos pelas teorias, uma vez que algumas delas, como se verá, possuem traços de ambas as perspectivas.

Por acreditar no valor didático das distinções, optei por essa estrutura de texto. Para amenizar o simplismo e melhorar o entendimento quanto ao que quero destacar, darei foco nas características mais importantes das teorias e abordagens para classificá-las, devendo o leitor estar ciente de que a atual tendência do campo teórico é o aumento da complexidade analítica, decorrente dos vários esforços por superar antigos dualismos e contradições que a área construiu, ou assumiu de outros campos, ao longo do tempo. Quanto a cada uma das teorias, nunca serei exaustivo no seu tratamento e, por outro lado, o leitor sentirá as predileções teóricas de quem escreve este trabalho monográfico.

Espero que, apesar de todas essas restrições, o livro tenha serventia àqueles que, em estágio inicial ou até intermediário de sua formação acadêmica, tenham já se deparado com a estranha sensação de perplexidade diante de uma área que é, ao mesmo tempo, desafiadora e confusa (sou tentado a pensar que é desafiadora porque é confusa!), esta segunda marca decorrente, pelo menos em parte, da imensa diversidade de suas fontes filosóficas e dos interesses teóricos que ela busca contemplar – ou permite ser contemplados em seu universo de legitimidade.

capítulo 1

Origens e Considerações Gerais a Respeito do Conceito "Ambiente" em Administração e Teoria das Organizações

1º

Impressiona-me como se tornou um padrão cognitivo disseminado na área de administração e de teoria das organizações a idéia de que apenas com o advento da teoria sistêmica nos estudos sociais passou-se a se preocupar com aspectos do contexto ambiental das organizações para explicar suas estruturas e seus processos. Tal padrão vigora em cursos e livros da área, e parece ter sua origem na visão explicativa excessivamente compartimentalizada dos textos da chamada teoria geral da administração que, no Brasil, teve como fruto, no mais das vezes, a formação nem histórica nem teoricamente consistente de nossos alunos.

De alguma forma, o discurso de teóricos sistêmicos foi aceito de modo pouco crítico, em especial quanto à sua avaliação da teoria administrativa anterior como se baseado exclusivamente em imagem das organizações como sistemas fechados. Isso era verdadeiro enquanto tendência geral e predominância, mas de modo algum expressava todas as idéias que já estavam contidas em várias obras da área de organizações, principalmente antes do advento da teoria dos sistemas na administração.

Quanto a esse equívoco por exagero, o comentário de Guerreiro Ramos (1983) ao texto de Kenneth Boulding (1953) parece um destaque importante e pertinente para este início de texto. Guerreiro Ramos (1983) escrevia então em um momento em que a teoria sistêmica estava em plena ascensão no campo maior das ciências sociais. Para ele, Boulding (1953) procurava, com seu texto, explorar problemas em relação aos quais a antiga teoria administrativa (certamente, aqui, uma referência à teoria administrativa pré-sistêmica) era indiferente. "Na verdade [diz ele] esta indiferença fazia dela uma meia-teoria. Uma adulta teoria administrativa surge quando adquire a visão ampla hoje procurada pelos mais competentes estudiosos" (Guerreiro Ramos, 1983, p. 63-64).

O otimismo de Guerreiro Ramos (1983) quanto à teoria sistêmica parece justificável pela época e pelo referencial teórico que lhe serve de base, e não é de todo desprovido de razão. Com efeito, a teoria administrativa e organizacional vai se tornar mais complexa com a teoria dos sistemas, em especial noções como a de sistemas sociais enquanto sistemas abertos. De algum modo ela era sim uma teoria incompleta, mas apenas no mesmo sentido em que toda teoria sempre é incompleta porque sempre revela facetas de um objeto (e não o objeto todo) ou, de outra perspectiva, porque revela um fenômeno sempre de algum contexto específico e não uma coisa como ela é na sua essência. Vale dizer que, ao que parece, a teoria administrativa não era indiferente à questão ambiental. Ela estava em desenvolvimento ou em construção e, nesse processo, teve como início o foco interno à organização e uma perspectiva analítica racionalista, o que talvez não pudesse ter sido muito diferente em razão de a administração surgir, enquanto área formal de conhecimento, em grande medida por causa dos esforços da engenharia para planejar melhor o trabalho humano nas fábricas.

Como quero ressaltar, tão logo o problema da eficiência no trabalho organizacional passa a ser foco de pensadores com formações diferentes – sociológica e psicológica, principalmente –, o panorama teórico é posto em movimento em direção à complexidade que vai se revelar mais amplamente com o quadro referencial da teoria sistêmica. A propósito, para o próprio Guerreiro Ramos (1983), a questão do ambiente havia obtido, em seu tempo e em decorrência da evolução teórica, um quadro formal na teoria administrativa. Acredito que essa foi a principal contribuição da teoria sistêmica para o estudo da administração, pelo menos naqueles anos iniciais. De certo que, com a teoria sistêmica, muitos aspectos da relação entre organizações e ambientes tornaram-se passíveis de estudo mais detalhado. Mas penso que deveríamos entender, de acordo com meu argumento aqui, que a metáfora biológica para sistemas sociais e a teoria sistêmica em administração passaram a ser usadas exatamente porque já sentia a carência de novos artefatos conceituais para explicar aspectos percebidos nos estudos, porém em relação aos quais os mesmos estudos sugeriam a necessidade de melhor explicação.

Acredito então que o mais sensato é admitir que a teoria sistêmica trouxe à administração e à teoria das organizações tanto o descortinar de novos fenômenos e problemas da relação entre organizações e ambientes quanto, e principalmente, a possibilidade de formalização e sistematização do tratamento teórico e empírico de problemas que já se apresentavam à área, em termos acadêmicos e gerenciais, mas que ainda eram tratados de modo inadequado. É essa necessidade do campo que, para mim, explica a ascensão do sistemicismo e também do contingencialismo na área da administração, atualmente, e seu predomínio ainda hoje.

Sobre isso, gostaria de chamar a atenção neste início para quatro textos importantes e geralmente tomados como exemplos de um período pré-sistêmico na administração, ou pelo menos como pertencentes a outras correntes que não a sistêmica. Em *As funções do executivo*, Chester Barnard (1971) define uma organização formal como um sistema cooperativo, que, por sua vez, é "...um complexo de componentes físicos, biológicos, pessoais e sociais, que se encontram numa relação sistemática específica, em virtude da cooperação de duas ou mais pessoas visando a um alvo definido, pelo menos" (p. 87). No que tange aos componentes chamados sociais na definição, ele ainda vai dizer adiante: "Parece constituir uma prática universal excluir os fatores sociais – ou encará-los como constantes negligenciáveis para muitos propósitos – na concepção funcional da organização com a única exceção importante do Estado, quando expresso em lei ... [E conclui:] Da definição de organização nós excluiremos completamente o ambiente social" (p. 89).

A primeira impressão é de que se pode, sem sombra de dúvida, interpretar os componentes sociais apenas enquanto dimensão importante para a definição de sistema cooperativo, mas excluído da definição de organização. Ao menos nesse plano de sistema cooperativo há de se concordar que a noção de ambiente já está delimitada em grau tal que talvez assustasse muitos dos nossos professores e autores em teoria geral da administração. Afinal, Barnard (1971) vai explicitamente reconhecer, no preâmbulo do sexto capítulo de seu livro (exatamente após definir sistema cooperativo), que sistema tanto abrange os componentes citados (a que ele vai, então, chamar sistemas subordinados) quanto "... é evidentemente uma unidade subordinada a mais amplos sistemas" (p. 87), em referência clara ao que hoje denominamos ambiente organizacional.

Mas, retornando à definição de organização, o que precisamos saber é que Barnard (1971) está teorizando a partir de uma distinção conceitual entre organização formal e organização informal, e é em relação ao primeiro daqueles conceitos que ele afirma excluir a noção de ambiente social. Sua intenção é, como se nota em rápida leitura dos capítulos subseqüentes de seu livro, resguardar à dimensão da organização informal o aspecto dos contatos sociais. Além disso, há que se notar que, em tal distinção, ele mais se preocupa com o contexto social interno da organização, com as interações entre pessoas, do que com contatos extramuros, por assim dizer. Quando se refere ao contexto externo, ele evidencia com relativa clareza a interação organização-ambiente (sem usar o conceito ambiente organizacional, entretanto) como próprio à existência da organização: "A economia social consiste dos relacionamentos da organização (isto é, do poder de trocar utilidades) com outras organizações e com indivíduos não ligados à organização por via da cooperação... Ela é o agregado das potencialidades de cooperação com aquêles [sic] que se acham de fora do sistema cooperativo" (p. 236).

Em resumo: há pleno reconhecimento da interação com o meio, entretanto, não é este o foco principal da obra (e sim explorar as duas dimensões internas – o formal e o informal) e, certamente, não há ainda um conceito agregador daqueles componentes chamados sociais, ou as dimensões externas ao sistema cooperativo – organização. Quando "ambiente" é usado na obra, o sentido é mais impreciso que o uso que dele se faz hoje, em administração, mas nem por isso significa outra coisa que não o que hoje também entendemos por ambiente organizacional.

Os próximos três textos que gostaria de comentar foram escritos em períodos próximos, o primeiro em fins da década de 1950, o segundo em 1937 e o terceiro em 1947, sendo o primeiro e o terceiro provenientes do mesmo grupo acadêmico. O primeiro deles é o livro *Teoria das organizações*, de James March e Herbert Simon (1972). Como o próprio nome original do livro sugere, o foco da obra está nos componentes internos da organização, tanto formais – com a sua estrutura – quanto pessoais – como fatores de motivação para o trabalho e a racionalidade do tomador de decisão. É bastante significativo observar que, quando vão elaborar sua crítica ao corpo conceitual da chamada ciência administrativa clássica, os autores, ao discutirem as propostas de departamentalização das organizações, mencionam dois outros autores como representantes da corrente científica em administração, Gulick e Urwick. Em texto de 1937, Gulick e Urwick propõem bases para a organização do trabalho em empresas: a) o propósito; b) o processo; c) a clientela; d) o lugar e o tempo. Não é meu objetivo aqui considerar a crítica de March e Simon à teoria de departamentalização (baseada principalmente na indefinição ou imprecisão conceitual, tanto quanto nos limites culturais que se opõem à possibilidade lógica de uma opção estritamente racional por melhor forma única de departamentalização). Destaco apenas a relação da organização com seu meio que se pode observar na suposição daqueles teóricos – refiro-me a Gulick e Urwick – quando utilizam (de certo que com baixo grau de precisão) a noção de "clientela" e sua possível influência na estrutura organizacional.

No mesmo sentido da crítica de March e Simon (1972) à chamada ciência administrativa, Simon (1970) sugere que a racionalidade humana é constituída socialmente. Dessa forma, não se poderia definir racionalmente a melhor estrutura organizacional ou o melhor modo administrativo, se esse "melhor modo" for pensado como absoluto. Para ele, "a racionalidade humana recebe, por conseguinte, seus objetivos e integrações do ambiente institucional em que opera e pelo qual é moldada" (p. 106). Pouco depois, ele também vai escrever: "O indivíduo racional é, e deve ser, uma pessoa organizada e institucionalizada" (p. 107). Com isso, o que se observa é que para Simon (1970) a ação racional humana – no seu cotidiano e, em decorrência, também nas organizações, até porque esse é o foco de seu livro – não dispensa e sim pressupõe o contexto cultural (March e Simon) e institucional (Simon), enquanto fonte de seu conteúdo. Temos aí o ambiente e seu impacto (ainda que em um plano de microanálise, embora referente ao princípio da ação humana) sobre as organizações, como a propósito em todos os outros exemplos, mesmo que em termos embrionários.

2º

O conceito de ambiente organizacional começa a ser utilizado com o sentido que possui hoje a partir do advento da análise de organizações da perspectiva sistêmica, sendo uma adaptação do conceito "ambiente" utilizado na teoria geral dos sistemas. Em "teoria geral dos sistemas", Von Bertalanffy (1975) informa que seus primeiros estudos e escritos (alguns não publicados) a respeito da necessidade e viabilidade de investigar os sistemas vivos enquanto sistemas abertos remontam à década de 1920, poucos anos antes do surgimento do enfoque sistêmico ou de conceitos a ele relacionados em outras áreas do conhecimento ou em obras de outros autores.

Prestes Motta e Bresser Pereira (1983) apresentam informações que reforçam a afirmação de Von Bertalanffy (1975). Para eles, "... Bertalanffy entendia [já em seus escritos publicados em 1928] que, uma vez que o caráter da coisa viva é sua organização, a investigação costumeira das diversas partes e processos em separado não podia fornecer-nos uma explicação completa do fenômeno vida" (p. 202). Mas eles também nos informam que, no contexto científico da então União Soviética, antes que no Ocidente, o também biólogo Alexander Bogdanov desenvolveu uma noção de sistema e de teoria geral de sistemas muito próxima àquela de Von Bertalanffy, inclusive com a utilização de noção de ambiente com similar relevância para o entendimento dos processos que caracterizam a organização dos sistemas vivos: "Bogdanov propunha a seleção consciente de insumos ambientais para que o sistema não se destruísse (seleção negativa). Portanto, para Bogdanov a entropia negativa era um processo conscientemente provocado e não uma característica natural dos sistemas abertos" (Prestes Motta e Bresser Pereira, 1983, p. 210). Curiosamente, a diferença entre as teorias sistêmicas dos dois biólogos está no princípio racionalista que subjaz à noção de entropia negativa, no caso soviético, *versus* um princípio naturalista na teoria de Von Bertalanffy e de seus seguidores. Como parece evidente, Bogdanov fornecia, com antecedência de algumas décadas, subsídios ou pelo menos a sugestão da viabilidade de entendimento da realidade social por meio de conceitos sistêmicos, uma vez que da perspectiva da entropia negativa, conforme ele a descrevia, podia-se entender como atividade estratégica de primeira ordem nos sistemas sociais a adequação de sua organização interna às demandas do ambiente, sob risco da própria continuidade de sua existência.

Apesar disso, a teoria sistêmica que vai se propagar via a ciência norte-americana (tanto biológica quanto sociológica e administrativa) é a versão de Von Bertalanffy e seus seguidores. Isso sugere que este deva ser o foco de nossa reflexão para entender as origens do conceito "ambiente organizacional".

Von Bertalanffy (1975) reconhece que o enfoque sistêmico não provém de seus esforços isolados ou sua exclusiva genialidade, por assim dizer, senão do acúmulo de desenvolvimentos teóricos e conceituais da biologia e de outras áreas que tanto possibilitaram quanto culminaram com a necessidade de sistematização por parte de um enfoque mais geral e abrangente, o que explica satisfatoriamente o surgimento de idéias sistêmica em períodos tão próximos, no Ocidente e no Oriente:

> Só recentemente se tornou visível a necessidade e a exeqüibilidade da abordagem dos sistemas. A necessidade resultou do fato do esquema mecanicista das séries causais isoláveis e do tratamento por partes ter se mostrado insuficiente para atender aos problemas teóricos (...) e aos problemas práticos propostos pela moderna tec-

> nologia. A viabilidade resultou de várias novas criações – teóricas, epistemológicas, matemáticas etc. – que, embora ainda no começo, tornaram progressivamente realizável o enfoque dos sistemas. (Von Bertalanffy, 1975, p. 28-29)

Para mim, esse duplo fato – de que o enfoque sistêmico tem origem em desenvolvimentos teóricos e conceituais prévios a ele, tanto quanto sistematiza, com seu surgimento, aqueles desenvolvimentos e dá a eles nova dimensão científica – também se aplica aos conceitos de ambiente e ambiente organizacional. Estou me baseando, para essa afirmação, no próprio princípio primeiro do enfoque sistêmico que, segundo Von Bertalanffy (1975) e tantos outros teóricos, se refere à noção de abertura sistêmica enquanto trocas com o meio como a natureza organizacional dos sistemas vivos. Isso já está contemplado nos primeiros escritos de Von Bertalanffy, reproduzidos no capítulo cinco de seu livro principal (Von Bertalanffy, 1975), de acordo com o que ele mesmo informa a seus leitores. Na abertura daquele capítulo, é possível ler que "o organismo não é um sistema fechado, mas aberto. Dizemos que um sistema é fechado se nenhum material entra nele ou sai dele. É chamado aberto se há importação e exportação de matéria" (p. 167). O autor está contrapondo a sistemas estáticos os sistemas orgânicos, que reagem "... a alterações temporárias do meio, a 'estímulos'..." (p. 168), chamadas por ele também condições externas (p. 168), estímulos e perturbações externas (p. 180). Von Bertalanffy está contrapondo os sistemas biológicos àqueles estudados na física convencional: "A física convencional trata somente dos sistemas fechados, isto é, sistemas que são considerados estarem isolados de seu ambiente" (p. 63). Já um organismo, enquanto sistema aberto, é "... mantido constante em suas relações de massa dentro de uma contínua transformação de componentes materiais e energias, no qual a matéria entra continuamente vinda do meio exterior e sai para o meio exterior" (p. 167).

A estrutura conceitual definida por Von Bertalanffy (1975) pode ser esquematicamente representada pela seguinte seqüência de conceitos, que tornam evidente a relevância que "ambiente" passa a ter em todas as áreas acadêmicas onde a abordagem sistêmica começou a ser utilizada: organismos – sistemas vivos – sistemas abertos – entrada de matéria do meio externo – saída de matéria para o meio externo. Nesse esquema conceitual, vida passa a ser entendida como não inerente aos sistemas orgânicos, isto é, como não se explicando por si mesma, porém dependente da qualidade da relação entre sistema (ou organismo) e seu meio (ou ambiente).

Há que se notar, entretanto, que o diálogo aqui ou, em Von Bertalanffy (1975), é estabelecido entre a biologia (na perspectiva organísmica, como dizia Von Bertalanffy) e a física (e química) convencional. Até a análise de organizações sociais havia um trajeto que parecia e era de fato longo, mas que foi percorrido quase a um só tempo, na medida em que se difundiram as idéias da abordagem sistêmica. Assim, tão cedo quanto a década de 1950, no mesmo período em que ambiente é usado por Von Bertalanffy para se referir ao meio ou conjunto de estímulos externos (lembrando que, nessa década, alguns dos textos que compõem o livro principal daquele biólogo, que aqui estou utilizando como referência, já estavam publicados em forma de artigos ou haviam sido proferidos como conferências acadêmicas ministradas nos Estados Unidos), o mesmo conceito começa a aparecer com o sentido sistêmico, isto é, enquanto totalidade interconectada de forças externas e que interagem com o sistema, em textos da então chamada sociologia das organizações, e da própria administração.

No entanto, antes de investir nessa parte mais especificamente vinculada à administração e teoria das organizações, é necessário concluir o raciocínio a respeito das fontes originais do nosso conceito de "ambiente organizacional". Vimos que a noção de "ambiente" adquire ênfase maior e um novo sentido (pelo menos no âmbito da biologia) com a teoria geral dos sistemas. Contudo, seu uso não é exclusivo daquela teoria ou mesmo das áreas biológicas. Em teoria social, principalmente em antropologia e sociologia e, no mesmo período em que a teoria dos sistemas começava a ser desenvolvida, a noção de cultura era discutida no contexto (especialmente estrutural-funcionalista) da análise da conformação do comportamento humano via determinações biofísicas e ambientais. A título de exemplo menciono Malinowsky (1962, p. 43), para quem a cultura humana podia ser descrita como "... uma vasta aparelhagem, em parte material, em parte humana, em parte espiritual, com a ajuda da qual o homem é capaz de lidar com os problemas concretos, específicos com que se defronta. Estes problemas surgem do fato de que o homem tem um corpo sujeito a várias necessidades orgânicas, e que ele vive num ambiente que é o seu melhor amigo, visto que ele fornece as matérias-primas para o seu trabalho manual, e é também um seu perigoso inimigo, porquanto abriga muitas fôrças hostis [sic]".

Como o antropólogo vai esclarecer pouco depois, em seu livro, tal conceito implica reconhecer no ambiente dois fatos, um biológico, que comporta condições físicas relacionadas às necessidades orgânicas e básicas do ser humano, e um fato de natureza não biológica (um fato cultural ou até social – ele usa o conceito de ambiente social, na p. 147 do texto aqui mencionado), chamado ambiente secundário, que o ser humano cria ao atender às condições biofísicas do seu ambiente primário. Em resumo, o ser humano responde a um ambiente físico-natural no intuito de atender às suas necessidades básicas. Ao fazê-lo, cria outro ambiente, secundário-artificial: a cultura propriamente dita, nos termos do próprio Malinowsky (1962). Temos aqui certamente uma formulação original a respeito da noção de ambiente social, que Malinowsky considera como resultado do processo de cooperação organizada pela qual o homem, ao atender coletivamente suas necessidades, também altera ou imprime uma marca sobre seu meio. É relevante destacar a noção de organização enquanto estrutura definida para alcance coletivo de objetivos, que Malinowsky (1962, p. 57) considerava estar "... invariavelmente baseada e íntimamente [sic] associada com o meio ambiente circundante".

Da sociologia, chamo a atenção para dois textos. O primeiro deles é o capítulo "Indivíduo e Ambiente", de Alfred McClung Lee (1953), no qual o autor admitia um significado para ambiente que era fortemente relacionado às idéias do cultural e do social. Assim sendo, o autor afirmava que "um indivíduo socializado não pode ser dissecado como um cadáver (...). De igual modo, ninguém pode selecionar fatores ou ameaças e classificar alguns deles como produto de fontes naturais e outros como resultado exclusivamente do 'ambiente', ou como tendo sido 'criados'" (p. 287).

Note também, nesse autor, a sugestão de que somos enquanto seres humanos (nossos traços distintivos) produto de duas forças, uma biológica e outra sociocultural. Assim é que, a respeito dos condicionantes ambientais, Lee (p. 290-291) vai dizer que "... o ser humano é sujeito a influências outras que não apenas aquelas presentes em suas células. Essas influências são primeiro físicas e químicas e, então, após o nascimento, passam a incluir adicionalmente fatores geográficos (clima, fauna e flora), interpessoais e culturais". Todos esses fatores eram considerados por aquele autor e de forma interessantemente coerente com a teoria geral dos sistemas, como interconectados entre si e constituindo um todo que ele chamava cultura: "Quando cultura é vista em termos de traços ou segmentos separados, é preciso que se conserve em mente que cada um desses traços é parte de padrões ou complexos mais amplos, padrões de comportamento pessoal (papéis) e da estrutura social (instituições e associações, classes e grupos)" (Lee, 1953, p. 292).

Destaco, também, Talcott Parsons e um texto posterior aos dois há pouco mencionados. A mesma distinção entre aspectos físicos e sociais do ambiente estava presente em Parsons (1951), contudo, aplicada em especial à discussão da teoria da ação nos moldes pretendidos por ele. Conforme o próprio autor destacava, sua preocupação central, no que tange à noção de ambiente, era enfocar um tipo específico de relação concreta do organismo com o ambiente, relação que ele chamava ação ou comportamento. Uma diferença crucial, entretanto, é que para Parsons (1951) o ambiente parecia ter sentido bastante objetivo e desconectado, em essência, dos organismos que com ele interagem. Portanto, "um sistema de ação ... é um sistema que compreende as relações dos organismos em interdependência uns para com os outros e com objetos não sociais no ambiente ou situação" (1951, p. 543).

De qualquer modo, a noção de ambiente já era tão importante para Parsons, que é a partir dela – ou, melhor, em relação a ela – que ele vai definir a noção de sistema social. Indo mais além que a própria definição, o ambiente é, efetivamente, o ponto de referência a partir do qual os sistemas se autodefinem, enquanto sua existência é fixada pelo esforço de manutenção de suas próprias fronteiras. Lemos, portanto, que "a definição de um sistema como manutenção de fronteiras [*boundary-maintaining*] é uma forma de dizer que, relativamente a seu ambiente, ou seja, a flutuações nos fatores do ambiente, o sistema mantém certa constância de padrão, seja essa constância estática ou móvel" (Parsons, 1951, p. 482). Caso tal esforço do sistema seja malsucedido, ele deixará de existir em decorrência da ruptura das fronteiras e sua diluição no meio.

Por fim, então, acredito que é possível destacar desses três últimos textos analisados, que, em conjunto, revelam que em outras ciências sociais o conceito "ambiente" era já importante e utilizado com o sentido duplo de ambiente físico-químico-biológico e também de ambiente sociocultural muito antes que em administração e teoria das organizações. Nestas, como destaquei em outro momento, os fatores externos à organizações eram tratados isoladamente, pelo menos até a década de 1950. Esse uso nas ciências sociais de vertente funcionalista tem, sem dúvida, relação com a formatação das bases da teoria geral dos sistemas, em biologia e nas próprias ciências sociais, não apenas enquanto influenciadora daquela teoria, como, provavelmente, enquanto uma de suas bases. Acredito que esta seja a matriz dupla que dá origem ao uso do conceito em administração e em teoria das organizações, do que passo a tratar a seguir.

capítulo 2

Matrizes da Noção de "Ambiente" em Teoria das Organizações

1º

Anteriormente, afirmei que o conceito "ambiente organizacional" passou a ser utilizado em teorias administrativas e organizacionais com a perspectiva sistêmica naqueles campos. Isso ocorreu no final da década de 1940 e início da década de 1950, com estudos desenvolvidos por uma série de autores, principalmente aqueles baseados em uma perspectiva estrutural-funcionalista de ciências sociais e, em especial, os primeiros proponentes da "teoria das organizações" e os autores vinculados ao Instituto Tavistock de Relações Humanas, na Inglaterra.

Dois dos primeiros autores com trabalhos estritamente vinculados à teoria das organizações[1] a utilizar sistematicamente o

[1] De certo que alguns dos autores, que serão mencionados nesta parte do texto, não são propriamente autores cujos estudos e escritos principais possam ser classificados dentro do campo organizacional, e menos ainda de administração. Alguns deles foram cientistas sociais que produziram estudos e teorias que foram, em seu tempo ou vieram a ser posteriormente, importantes para, ou estreitamente vinculados com, o que hoje chamamos teoria das organizações, até porque, em seu tempo, o campo das organizações era parte da sociologia, uma área específica conhecida como sociologia das organizações.

conceito foram Philip Selznick (1957) e George Homans (1950), que não atuavam no âmbito do grupo do Instituto Tavistock, mas que, como se verá, desenvolveram idéias importantes para a própria noção sociotécnica da interação entre organizações e ambientes, que é a base dos estudos daquele grupo.[2]

Philip Selznick é um dos autores que podem ser apontados como sistematizadores da teoria das organizações, juntamente com Talcott Parsons, James March e Herbert Simon, Peter Blau, Alvin Gouldner e W. Richard Scott, dentre outros no contexto anglo-saxônico, e, no Brasil, Beatriz de Souza Wahrlich, Alberto Guerreiro Ramos e Fernando Prestes Motta. Como afirmam Emery e Trist (1960), a maioria desses autores do contexto anglo-saxônico (com exceção talvez de March e Simon) baseou-se, com certa intensidade, na perspectiva sistêmica, ao definirem organizações como sistemas sociais e, em decorrência, enfocarem suas relações de manutenção mediante trocas com o meio.

Assim, Selznick, já em 1948, definia organizações como sistemas racionais de ação que "... são, inescapavelmente, imersos em uma matriz institucional" (p. 25), em um sentido que apontava para o fato de que, além de instrumentos técnicos para alcance de objetivos formais, a organização enquanto estrutura social adaptativa era "sujeita a pressões de um ambiente institucional" (p. 25). Dessa forma, algum ajuste entre organização e ambiente deveria ocorrer, caso a organização devesse continuar existindo. Dessa constatação, o autor derivou o que é, provavelmente, a primeira formalização da chamada teoria institucional em organizações (sobre a qual me deterei em momento posterior desta monografia) e que compreende um dos primeiros usos, no campo da teoria das organizações e da administração, do conceito "ambiente" com o sentido contemporâneo:

[2] O reconhecimento dessa vinculação, bem como da matriz sistêmica fundamental dos estudos do grupo do Instituto Tavistock, está, por exemplo, em Emery e Trist (1960).

> Quaisquer que sejam as implicações nacionais de suas escolhas, organizações em ação devem se relacionar primariamente com aqueles que são imediata e diretamente afetados por sua intervenção. No intuito de perdurar, ela não pode depender somente ou mesmo primariamente do suporte difuso de elementos não diretamente envolvidos em sua atividade; sua liderança administrativa deve encontrar suporte nas instituições locais, e desenvolver relações serenas com elas. Deve evitar uma contínua atmosfera de crise e conflito que pode levar a desorganização e frustração, em primeira instância e, no longo prazo, ao surgimento de ameaças sérias à própria existência da organização. Em resumo, a instituição deve semear algum tipo de equilíbrio com o ambiente em que vive. (Selznick, 1949, p. 20)

De fato, o que podemos notar a respeito do conceito "ambiente" em Selznick é que, nos textos do final da década de 1940, o autor ainda o usava com dois sentidos, em momentos diferentes. Desse modo, ao discutir a institucionalização de lógicas informais de controle, ele afirmou que "essas regras e modos institucionalizados de cooperação informal são normalmente tentativas dos participantes da organização formal para controlar as relações grupais que formam o ambiente das decisões organizacionais" (1948, p. 27). Claramente, nesta passagem, o sentido dado a ambiente era similar à noção de contexto que, genericamente usado, podia implicar externalidades tanto quanto aspectos internos ao que hoje chamamos organizações. Este era um sentido pré-sistêmico, encontrado em sociologia, antropologia e também em administração, por exemplo, nos primeiros estudos a respeito do impacto das relações humanas sobre a produtividade no trabalho (como em Homans, 1950 e Whyte, 1966 [1959], que discuto a seguir, ou mesmo em Chester Barnard, 1971, como espero já ter demonstrado).

Por outro lado, a noção de equilíbrio entre organização institucionalizada e seu ambiente, como citei há pouco, declara também outro sentido para "ambiente" em Selznick (1957), que parece foi se tornando predominante não apenas na obra daquele autor como na própria teoria das organizações, que ele ajudou a fundar. Desse modo, Selznick (1948) propôs analisar as organizações de uma perspectiva estrutural-funcionalista e, dessa perspectiva, entendia sua relação com o ambiente enquanto constituindo-se de reação adaptativa:

> Sistemas cooperativos são constituídos de indivíduos interagindo como um todo em relação a um sistema formal de coordenação. A estrutura concreta é portanto resultante das influências recíprocas de aspectos formais e informais da organização. Além disso, essa estrutura é ela própria uma totalidade, um organismo adaptativo reagindo a influências provenientes de um ambiente externo. (Selznick, 1948, p. 28)

O conceito "ambiente", nessa passagem, tem sentido sistêmico. Observe que Selznick (1948) não considerou (como era comum antes) os aspectos formais e informais como constituindo-se em contexto um em relação ao outro. Ambiente aqui passou a ter sentido de totalidade genérica e externa a outra totalidade chamada organização – não é à toa o uso, nas décadas de 1950 e 1960, do adjetivo "externo" para qualificar o ambiente de organizações, embora, naquele momento, ainda tínhamos certa batalha semântica para construir e legitimar ambos os conceitos, ambiente e organização. No mesmo texto, e pouco depois, o autor indicava, como um dos imperativos relacionados à manutenção do sistema em organizações formais, a "segurança da organização como um todo em relação às forças sociais em seu ambiente" (1948, p. 29), o que culminou na idéia de legitimação no estudo "TVA and the Grass Roots", conforme trecho que citei anteriormente. Em livro posterior, é esse sentido sistêmico de ambiente que Selznick (1957) utilizou para discutir a idéia de que organizações se adaptam a seus ambientes e o modo como o fazem tem reflexo no processo de sua institucionalização (apenas a título de reforço, ambiente é, às vezes, substituído, naquele livro, pela expressão "pressões externas").

Acredito que Philip Selznick seja um autor que se poderia chamar "divisor de águas" no que concerne à teoria das organizações e ao uso do conceito "ambiente" naquele campo acadêmico. Nele está contido o uso do conceito com dois sentidos, um dos quais ainda apareceria em autores importantes para a sociologia e teoria das organizações durante os anos 1950 (como se verá a seguir) e outro sentido que, afinal de contas, terminou por prevalecer e ajudou a consolidar a teoria das organizações enquanto campo de estudos, até porque permitiu pensar as organizações como categoria analítica independente. Tal discussão, entretanto, está além do escopo das pretensões deste ensaio.

Na mesma linha analítica de Selznick, encontramos, alguns anos depois, Talcott Parsons (1956a) buscando também estabelecer bases para uma teoria das organizações, obviamente que sobre o fundamento da teoria dos sistemas sociais que ele mesmo havia configurado anteriormente e que, por sua vez, também foi fundamental para o próprio Selznick e outros autores originais da teoria das organizações.

Parsons (1956a) definiu organizações como sistemas sociais específicos, isto é, funcionalmente diferenciados, organizados para alcance de tipos particulares de objetivos. A consecução desses objetivos, Parsons (1956a, p. 64) afirmava, "é definida como uma relação entre sistema (neste caso um sistema social) e as partes relevantes da situação externa em que o sistema age ou opera". À semelhança de Selznick, via-se também em Parsons o uso do adjetivo "externo" para qualificar o ambiente. Também se vê, nesse texto de 1956(a), a influência da teoria geral dos sistemas, na explicação fornecida pelo autor para o modo como sistema e ambiente se relacionam: "Uma organização é um sistema que, na consecução de seu objetivo, 'produz' um algo identificável que pode ser utilizado de alguma forma por outro sistema; ou seja, o *output* da organização é, para algum outro sistema, um *input*"[3] (Parsons, 1956a, p. 65).

Esse ambiente externo era definido por Parsons (1956a) como um sistema social mais amplo, constituído por outros subsistemas. Faço este destaque para ressaltar que, assim como Selznick, também em Parsons (e assim na década de 1950), a distinção entre organizações e ambiente estava em formação, mas ainda não havia adquirido conotações tão rígidas, no que tange às fronteiras de um e de outro, como parece ocorrer posteriormente, em especial na segunda metade da década de 1960 e daí por diante. Uma organização era entendida como um sistema social específico imerso em um conjunto de outros sistemas que, em interação, constituíam o sistema social mais amplo ou total, ou seja, o ambiente externo.

Finalmente, merece destaque o otimismo de Parsons (1956a) quanto a seus esforços para sistematizar teoricamente alguns fundamentos sociológicos para a análise das organizações. Ele esperava que tal esforço ajudasse "... a codificar nosso conhecimento das organizações mais sistematicamente do que tem sido feito, e relacioná-lo mais estreitamente com conhecimentos a respeito de outros tipos de sistemas sociais e do ambiente social dentro do qual organizações formais devem operar..." (Parsons, 1956b, p. 239).

Debati, brevemente, as idéias de Parsons aqui, na seqüência da discussão das idéias de Selznick, porque acredito que os dois, principalmente, foram fundamentais para solidificar tanto a idéia de uma teoria das organizações, nos moldes atuais, quanto a noção de "ambiente" nos moldes sistêmicos. Agora, a que esta não era a única opção disponível no final da década de 1940 e na década de 1950.

[3] Aqui, mantive os termos *output* e *input* como estão no texto original, em inglês, para realçar a semelhança com o conjunto conceitual da teoria geral dos sistemas.

2º

Outro autor importante a influenciar a teoria das organizações no que se refere à discussão em torno de "ambiente organizacional" é George Homans (1950), que enfocou três aspectos considerados essenciais em qualquer grupo: suas atividades, interações e seus sentimentos expressos pelas pessoas que compõem o grupo. Conforme Prestes Motta e Vasconcelos (2005), o esquema conceitual proposto por Homans é primeiro aplicável a pequenos grupos, mas é também útil para a análise de organizações complexas.

Homans (1950) sugeriu pensar os grupos humanos de duas dimensões, chamadas sistema externo e sistema interno. O primeiro compreende atividades, formas de interação e sentimentos que o grupo desenvolve como "... uma solução – não necessariamente a única viável – para o problema: como sobreviverá o grupo no seu ambiente? Chamamo-lo externo porque está condicionado pelo ambiente" (p. 90). Observe que o autor estava se referindo ao estado em que atividades, interações e sentimentos se mostravam em um grupo como podendo ser vinculados à busca por parte do grupo por responder ao ambiente. Já o sistema interno resultava da convivência conjunta das pessoas do grupo.

Em um texto da mesma época, Homans (1960) informou ter sido aluno de Elton Mayo, figura digna de apreço na história da administração nos Estados Unidos. Além da importância atribuída ao contexto dos pequenos grupos, Homans também defendia a natureza condicionante do meio social sobre o comportamento de indivíduos em grupos. Deve-se ter em mente que Mayo ingressa no grupo responsável pelos estudos da fábrica Howthorne, da Western Electric Company, no momento em que os resultados daquele estudo não permitiam mais admitir relação causal entre condições do contexto físico de trabalho e o desempenho dos trabalhadores envolvidos no estudo. Sua interpretação pôs em relevo o impacto do meio social (ainda que sem o uso do conceito "ambiente").[4] Note, então, que Homans, apesar de que estava escrevendo no contexto da sociologia, seguia orientações de seu antigo mestre no que tange à interpretação das relações entre indivíduos vivendo em grupo e esse mesmo grupo enquanto contexto ambiental.

A distinção entre sistema externo e interno teve impacto sobre vários pensadores da administração e das organizações durante a década de 1950. Dentre estes, Whyte (1966 [1959]) sugeriu o abandono da distinção por não acreditar na possibilidade objetiva de distinção entre ambos os sistemas. De algum modo, ele antecipou as discussões a respeito de fronteiras entre sistemas e seus ambientes, mostrando estar mais alinhado aos autores da teoria das organizações que o próprio Homans (quando essa teoria se mantém dentro do escopo epistemológico do estrutural-funcionalismo). Homans, por sua vez e com sua distinção, fundamentou desenvolvimentos posteriores que vieram a surgir na administração e que culminaram na chamada teoria da contingência das organizações, como espero demonstrar à frente. Convém lembrar, entretanto, que, em minha opinião (e estou baseado em autores brasileiros da teoria das organizações – Prestes Motta e Bresser Pereira, 1983, e Guerreiro Ramos, 1983), todos eles estavam fundamentados, em última análise, nas idéias da teoria geral dos sistemas e no desenvolvimento conceitual que delas se seguiu.

Além disso, Whyte (1966) discutiu dois outros aspectos importantes e derivados da obra de George Homans. Um deles se referia ao que Homans chamava "forças" ambientais, dimen-

[4] Acredito que este seja mais um indicativo favorável à minha suposição de que noções pelo menos próximas à de ambiente organizacional já existiam nas teorias administrativas muito antes da abordagem sistêmica.

sões do ambiente das organizações que, como mencionei em outro momento, sempre estiveram presentes na literatura administrativa e organizacional (e que o conceito de ambiente organizacional veio aglutinar sistemicamente) e que, após Homans, Whyte e outros autores que ascendem na década de 1950, não mais deixou de ser predominante na literatura especializada, toda vez em que se fala em ambiente organizacional. Segundo Whyte (1966), as forças ambientais eram, para George Homans, de natureza técnica e física, sociais e culturais. Whyte (1966) acrescentou em suas análises forças de natureza econômica (sistema salarial, incentivos e gratificações) e legal (regras e regulamentos da organização e da sociedade mais ampla).

O outro aspecto refere-se a que, tanto em Homans (1950) quanto em Whyte (1966 [1959]), nesse primeiro momento, o uso do conceito "ambiente" era definido em termos bastante próximos à teoria geral dos sistemas, isto é, enquanto ambiente de sistemas, e não necessariamente da organização como um todo (observe, por exemplo, a descrição das forças ambientais, naqueles autores e conforme há pouco fiz menção). Assim, nesses autores, cada uma dessas forças não era necessariamente "externa" à organização, mas englobava componentes externos e internos. Dessa forma, o que temos é que um sistema de qualquer natureza se constitui em ambiente para outros sistemas, da mesma forma como o sistema social, na sociologia funcionalista e na teoria geral dos sistemas, tem como contexto dimensões de natureza tecnológica e até química e física. Naquele primeiro momento do uso do conceito, então, parece que o que tínhamos era de fato uma sociologia das organizações, que não apenas vai utilizar crescentemente o conceito "ambiente" para aglutinar as forças contextuais do meio, como também vai usar o conceito "organização" para se referir aos vários sistemas que compreendiam as coletividades de seres humanos organizados em torno de propósitos específicos e conscientemente definidos, principalmente com objetivos produtivos, além de artefatos e processos não humanos. No curso dessas distinções, a área acabou por abraçar e levar a extremos de objetividade (sempre questionada, e em tempos mais recentes com grande ênfase) a dicotomia externo-interno, aplicada à fronteira de distinção entre ambiente e organização, respectivamente.

3º

A terceira e última matriz do conceito "ambiente" em teoria das organizações e administração foi constituída mediante estudos desenvolvidos por pesquisadores do Instituto Tavistock. Com base na teoria sistêmica (tanto a teoria geral dos sistemas quanto a teoria dos sistemas sociais), esses pesquisadores elaboraram forte crítica aos estudos e modelos de gestão baseados em enfoque apenas estrutural, isto é, que privilegiavam categorias analíticas tais como especialização e divisão do trabalho como suficientes para o planejamento e realização do trabalho humano eficiente.

Inicialmente fundamentados em dados de observação empírica coletados em companhias de mineração, principalmente, os autores da abordagem que veio a ser conhecida como sociotécnica chamaram a atenção para casos em que a eficiência do trabalho humano parecia depender de dois fatores: "a qualidade da gestão técnica e o nível de relações de grupo" (Trist e Bamforth, 1951, p. 4),[5] quando antes o enfoque era quase, exclusivamente, sobre a melhoria tecnológica do processo produtivo no setor de mineração. O empobrecimento geral da população e a enorme perda de postos de trabalho durante os anos de depressão econômica explicavam, para aqueles autores, o enfoque anterior posto apenas sobre a dimensão técnica. Ao investigarem as condições de traba-

[5] Quase desnecessário é apontar a relação dessa constatação do grupo de Tavistock com as idéias de Homans e, antes dele, com o próprio Elton Mayo.

lho de grupos de pessoas engajadas em sistemas mecanizados de mineração e têxtil, Trist e Bamforth (1951), Trist e Murray (*apud* Emery e Trist, 1960) e Rice (1958) conseguiram relacionar a estrutura social do trabalho e a saúde e produtividade dos trabalhadores, configurando assim o núcleo teórico da idéia sociotécnica de organização econômica, dado pela proposição de que os "padrões interativos tecnológicos e sociológicos serão assumidos como existindo enquanto forças que têm impacto no 'espaço da vida'[6] do minerador..." (Trist e Bamforth, 1951, p. 5); ou, ainda, nos termos de Emery e Trist (1960, p. 85): o "estudo de um sistema produtivo portanto requer detalhada atenção tanto aos componentes tecnológicos quanto aos sociais".

Em seus primeiros anos, a impressão que se tem é de que os autores da corrente sociotécnica definiam ambiente ainda em termos pré-sistêmicos, como se referindo ao contexto de trabalho (com base, como já afirmei, principalmente em Mayo, Homans e também Kurt Lewin). Não significa dizer que ainda não se observava a influência de idéias sistêmicas na produção daqueles autores, mas sim que tal influência não era, até então, predominante. Assim, para Trist e Bamfort (1951, p. 20),

> em situação de subsolo essas dificuldades[7] são de ordem mais elevada, sendo virtualmente impossível estabelecer o tipo de base constante para a tarefa, do modo como é admitido na fábrica. Uma demasiada variedade de condições ambientais mutáveis e desfavoráveis é encontrada na mineração, muitas das quais são impossíveis de se prever.

[6] Esse conceito de "espaço da vida" foi usado por Kurt Lewin (1965 [1951]) para designar o contexto de existência do indivíduo ou seu ambiente. Parece que é dessa referência que Trist e Bamforth (1951) estão retirando o conceito.

[7] Os autores referem-se, aqui, às condições adversas do trabalho rigidamente especializado, dividido, mecanizado, que correspondia ao novo modelo técnico de mineração implantado em sua época e visando à produção em massa de carvão.

Condições ambientais, aqui, têm sentido próximo ao uso feito do conceito por George Homans, William Whyte e também Kurt Lewin. Em trabalhos posteriores, a noção adquiriu sentido claramente sistêmico, nos estudos sociotécnicos, na mesma proporção em que adquiriu consistência a definição da abordagem como tratando as organizações enquanto sistemas abertos, em oposição a outras abordagens que as concebiam como sistemas fechados (Emery e Trist, 1960). Já em 1952, Rice e Trist reconheciam que a análise da maioria dos problemas de um empreendimento não podia ser conduzida sem referência a seu ambiente externo. Posteriormente – e seguindo explicitamente a referência conceitual proposta pela teoria geral dos sistemas – os autores ligados ao Instituto Tavistock concluíram que tal impossibilidade se devia ao fato de que havia uma "mútua permeabilidade entre uma organização e seu ambiente" (Emery e Trist, 1960, p. 83). Para esses mesmos autores, a noção de "sistema aberto" implicava reconhecer que há sistemas (dentre os quais as organizações) que conseguem se manter em equilíbrio constante, mesmo em face a mudanças externas de considerável extensão. Eles obtêm tal equilíbrio por meio de "... comércio regular de produtos ou serviços com outros empreendimentos, instituições e pessoas em seu ambiente social externo" (Emery e Trist, 1960, p. 84).

Na seqüência, vamos finalmente encontrar o conceito de "ambiente organizacional" nas publicações dos autores vinculados à abordagem sociotécnica[8] (Rice, 1963; Emery e Trist, 1965). É interessante observar que, se, em 1960, Emery e Trist defendiam a capacidade de os sistemas interferirem em seus ambientes, baseados na noção de mútua permeabilidade de fronteiras, no texto de 1965, eles afirmaram, ao contrário, que estão no próprio

[8] Assim como em outros autores de teoria das organizações, não vinculados àquela abordagem, como é o caso de Blau e Scott (1962) ou mesmo, pouco antes, Thompson e McEwen (1958).

ambiente as condições determinantes das trocas entre organizações e seu meio – daí a noção de "textura causal do ambiente", que determina tipos diferentes de modos de adaptação possíveis. Tal posição, no texto de 1960, pode muito bem ser evidenciada a partir das seguintes afirmações:

> Considerar os empreendimentos como "sistemas sociotécnicos abertos" ajuda a prover uma imagem mais realista de como esses empreendimentos são tanto influenciados quanto capazes de agir sobre seus ambientes. (...). ... há disponível ao empreendimento outras estratégias agressivas que buscam alcançar um estado pronto [*steady state* – estado de equilíbrio quase-estático, outro conceito que extraem tanto de Kurt Lewin quanto da teoria geral dos sistemas] pela transformação do ambiente. Assim um empreendimento tem algumas possibilidades de mover-se para dentro de novos mercados ou induzir mudanças nos mercados já ocupados, pela possibilidade de escolher diferentemente dentre o conjunto de pessoas, recursos e tecnologias oferecidos pelo seu ambiente ou por treinar novas pessoas e criar novos recursos e tecnologias, e pelo desenvolvimento de novas necessidades de consumo ou ainda ao estimular as antigas necessidades. Assim, emergindo da natureza do empreendimento como um sistema aberto, gestão se relaciona com "gerir" tanto um sistema interno quanto um ambiente externo. (Emery e Trist, 1960, p. 95-96)

Já no modelo de 1965 (Emery e Trist, 1965), na medida em que o ambiente se torna interconectado, a organização faz-se menos independente nas suas trocas com o próprio ambiente e, conseqüentemente, com outras organizações. Parecem desaparecer, principalmente conforme o ambiente se torna interconectado (textura causal mais densa, diriam os autores), as condições para qualquer outra postura organizacional que não seja a adaptação às exigências externas, desaparecendo também a noção de mútua permeabilidade: nessa nova condição, apenas as fronteiras da organização são permeáveis – estas ainda sendo definidas como sistemas abertos – tomando-se então o ambiente como um fato dado.

Alguns outros aspectos merecem aqui ser destacados. Um deles refere-se às noções sistêmicas de *input* e *output*, implícita e, em alguns casos, explicitamente usadas naqueles textos e adaptadas pelos autores para o contexto teórico das organizações e da administração. É apenas um dos vários elementos de teoria sistêmica que embasa a perspectiva sociotécnica. Outro aspecto é que, juntamente com a dicotomia "aberto x fechado" usada para distinguir tipos de sistemas (e organizações, conseqüentemente), passa-se a ter uma definição mais objetivista, tanto do ambiente quanto das organizações. Ambiente passa a ser visto como conjunto de fatores externos à organização, e não mais como contexto de trabalho, ou de sistemas (um sistema técnico sendo, por exemplo, entendido como ambiente de um sistema social). O reincidente uso do adjetivo "externo" aqui (como já destaquei em outro momento) é indício dessa segmentação conceitual, que se revelou um ponto de fundamental relevância na configuração da teoria das organizações, uma vez que indicava a organização como nível analítico legítimo para a pesquisa social e administrativa.

Um terceiro aspecto é que, apesar da crítica à perspectiva estrutural-funcionalista de Selznick, feita por Emery e Trist (1960), prefiro reconhecer, com Prestes Motta e Bresser Pereira (1983) e com Guerreiro Ramos (1983), que todos eles têm como fundamento a teoria sistêmica, em maior ou menor grau, inclusive George Homans, ainda que a diferença entre elas não possa ser desconsiderada, visto originarem duas vertentes da teoria das organizações, como espero demonstrar posteriormente nesta monografia. Em quarto lugar, há que se notar que, se Emery e Trist (1960) representam uma visão da relação entre organizações e ambiente mais próxima aos estudos de estratégia organizacional, em decorrência do voluntarismo presente na noção de que as organizações podem controlar seus ambientes e conforme a longa transcrição que fiz antes, no texto posterior (1965), esses autores parecem melhor representar a versão contingencial daquela relação, expressando uma idéia de contingência como fatalismo, em que as características das organizações bem-sucedidas são explicadas por meio de decisões determinadas pela configuração do ambiente.

Em resumo, e por fim, creio ser possível afirmar que foi na década de 1960 que o conceito adquiriu a definição hoje corriqueira e passou a ser utilizado principalmente no âmbito da chamada abordagem contingencial das organizações, com um sentido de externalidade concreta às organizações. Nesse sentido, ambiente é descrito como fato dado (versão fortemente vinculada ao gerencialismo[9] em administração), ao que autores de teoria das organizações, tanto de linha estratégica quanto evolucionista, vão se contrapor, por razões diferentes, a partir dos anos 1970, enquanto o campo da administração de forma mais geral e por razões auto-evidentes vai assumir como conhecimento definitivo a respeito da relação entre organizações e ambiente.

De fato, as matrizes aqui descritas se entrecruzam a partir do final da década de 1950 e em toda a década de 1960, servindo de base para todos os escritos relevantes a respeito do ambiente das organizações naquele período. Apesar dessa utilização heterodoxa (fruto mesmo da sua base sistêmica comum), acredito que podem ser evidenciados dois segmentos de tratamento do conceito "ambiente" na literatura organizacional, um deles vinculado mais à matriz estrutural-funcionalista de Selznick/Parsons e outro vinculado mais (contudo, de modo algum exclusivamente) à abordagem sociotécnica. Ambos os segmentos são descritos a seguir.

---

[9] Chamo gerencialismo a perspectiva representada por um conjunto de literatura sobre administração com caráter fortemente prescritivo, que tem como propósito, principalmente, a elaboração de regras de ação para a obtenção do sucesso nos negócios ou condução de organizações, mais baseados em supostas experiências pessoais do escritor ou em casos isolados, quase nunca com fundamentação teórica e empírica.

capítulo 3

Estrutural-funcionalismo em Teoria das Organizações – Ambiente como Teia de Sistemas

1º

Como destaquei, em outro momento, dois pontos de atenção nas obras de Selznick (1949, 1957) e também Parsons (1956a, 1956b), no que se refere ao uso que fizeram do conceito "ambiente", para eles, não há (ou pelo menos não havia em suas obras mais antigas, vinculadas à teoria das organizações): (1) uma rígida distinção entre organizações e ambiente, (2) sendo este entendido como conjunto de outros sistemas, com os quais interage a organização. Essas marcas permaneceram na teoria das organizações durante décadas e ainda hoje são pontos importantes em algumas das teorias compreendidas pelo campo acadêmico organizacional, convivendo com outras vertentes ou opções teóricas em que as fronteiras organizacionais são entendidas de modo mais rígido e positivo e o ambiente é definido mais abstratamente, como conjunto genérico de condições.

Na mesma perspectiva estrutural-funcionalista de Selznick e Parsons, podemos encontrar, ainda na segunda metade da década de 1950, duas publicações fundamentais. A primeira delas é o livro de March e Simon (1972), que já citei anteriormente e que se tornaria referência para muitos outros textos nos anos posteriores à sua publicação. A influência sistêmica no texto encontra-se no uso de conceitual semelhante, bem como na metáfora biológica (via autores da psicologia, como Kurt Lewin) presente na comparação de organizações com organismos cujo comportamento pode ser atribuído ao seu estado interior e ao ambiente. Para os autores, o ambiente compreende estímulos que evocam reações do organismo, em um primeiro instante. Em momento posterior, diziam eles, essas mesmas reações evocadas são fundamentais na determinação de quais "elementos do ambiente funcionarão como estímulos" (p. 29), do que se deve depreender que há interação dinâmica entre ambiente e organismos, e não mera relação causal do ambiente sobre características da organização.

Diferentemente do fatalismo que marca outra abordagem sobre a relação organização-ambiente, principalmente aquele do tipo da teoria da contingência, March e Simon (1972) discutem contextos em que grupos podem vir a controlar seus ambientes, ainda que o sentido de "ambiente" seja amplo naquele livro, abrangendo inclusive a noção de contexto social individual.

Mais incisivos neste aspecto foram Thompson e McEwen (1958), em artigo publicado no mesmo ano que o livro de March e Simon e no qual discutiram explicitamente estratégias usadas pelas organizações para lidar com seus ambientes – estratégias que podem ser de cooperação (barganha, cooptação e coalizão) ou de competição. Nessa discussão, os autores não negavam a possibilidade de que as organizações, em determinados contextos, fossem seguidoras de determinações provenientes de seus ambientes. Contudo, reconheciam a mesma possibilidade em sentido inverso: "É possível conceber um contínuo de poder organizacional nas relações ambientais se estendendo de uma organização que domina suas relações ambientais até uma completamente dominada por seu ambiente" (Thompson e McEwen, 1958, p. 25).

Os autores reconheciam também que casos naqueles extremos eram pouco comuns, sendo mais freqüentemente organizações e contextos em algum ponto intermediário daquele *continuum*. De fato, eles declararam que as organizações influenciam seu ambiente; para eles, a relação entre ambiente e organização não era do tipo unidirecional, em que ambiente apenas controla as ações da organização. Ora, se o ambiente compreende organizações e atores sociais, é coerente considerar que "aqueles sujeitos a controle são parte da sociedade mais ampla e assim são também agentes de controle social" (Thompson e McEwen, 1958, p. 28).

Da mesma forma, é importante destacar que a noção de ambiente, naqueles autores (e como se nota na última citação transcrita), se referia ao conjunto de outras organizações com as quais uma organização específica trava interações, troca bens e serviços ou mesmo com as quais ela compete por recursos e pessoas. Enfim, o ambiente das organizações compreendia, na perspectiva daqueles autores, um conjunto de elementos importantes – fornecedores, distribuidores, legisladores, trabalhadores e outros. A melhor palavra, talvez, para representar tal imagem de ambiente organizacional é – conforme autores como Blau e Scott (1970) ou mesmo Thompson (1976), que também refletem a mesma linha – a idéia de "teia" ou rede de organizações, um conjunto de organizações em interação.

Desse modo, encontramos em Thompson e McEwen (1958) os princípios teóricos característicos de uma série de outros autores e obras que interpretariam o ambiente organizacional de modo semelhante e dariam contribuição fundamental à configuração da teoria das organizações. O próprio Thompson, em obra posterior (1976 [1967]) manteve-se coerente com esses princípios e, até mais, tornou-os mais explícitos e explorou algumas de suas implicações para a análise das organizações, objetivo principal daquele livro.

2º

Alguns anos antes, em outro texto importante na história da teoria das organizações, Blau e Scott (1970) dedicaram todo um capítulo de seu livro à explicação das relações entre organizações e seu contexto, que chamaram "ambiente social", isto é, o conjunto de aspectos abrangendo a cultura, a estrutura da comunidade que circunscreve a organização e outras organizações com as quais ela pode se relacionar. O estudo desse último aspecto, diziam os autores, "... leva a uma consideração da teia de inter-relações entre as organizações" (Blau e Scott, 1970, p. 222), aspecto de primeira importância para o entendimento do contexto social de qualquer organização.

Tais aspectos de natureza social são apresentados à parte de aspectos de outra ordem ou natureza e que se referem aos contatos das organizações com seus públicos. Tais públicos, ainda de acordo com Blau e Scott (1970), correspondem também à sociedade mais ampla, à população e mesmo às outras organizações. O que é diferente é o tipo de relação travada entre organização e tais públicos, que é basicamente definida como relação de intercâmbio. Da mesma forma que Thompson e McEwen (1958), também Blau e Scott (1970) vão afirmar que esse tipo de relação pode ser de cooperação e de competição. Posteriormente, Thompson (1976) vai chamar esse contexto de trocas "ambiente operacional", enquanto na década de 1970 o "ambiente social" veio a ser definido como "ambiente institucional" das organizações.

Voltando à "teia de organizações", o que podemos ver é que a imagem evocada pelo termo indica um sentido imanente atribuído ao ambiente das organizações que, ao contrário de ser definido (ou "indefinido!") como contexto genérico e externo de modo absoluto às organizações, afetando-as de forma unidirecional, é explicado como conjunto de organizações se interafetando e estas afetando e sendo afetadas por outros sistemas como a sociedade, as comunidades locais etc. Dessa maneira, vemos que "as organizações não sómente [sic] têm relações umas com as outras mas também se interpenetram através de pessoas que são membros de várias delas" (Blau e Scott, 1970, p. 227); e:

> ... as organizações econômicas exercem uma enorme influência sobre a estrutura da comunidade... A influência tem também seu fluxo em direção oposta. A locação [sic] da comunidade afeta quais as indústrias que são estabelecidas, e quais progridem, e o tamanho da comunidade influencia o grau e o tipo de especialização das firmas ali localizadas. (Blau e Scott, 1970, p. 228)

De modo semelhante, mas com menor ênfase, também Etzioni (1964) falava em ambiente social – naquele autor, o conjunto de fatores culturais, ecológicos e de poder – afetando a inter-relação entre organizações em contextos específicos. Ainda como em Thompson e McEwen (1958), Etzioni (1964) fala daquela inter-relação como de troca, conflito, cooperação e competição. A conclusão lógica dessa perspectiva é de que "o ambiente social influencia as organizações – sua estrutura interna e suas relações entre si – mas existem também processos de retrocarga, através dos quais as organizações influenciam seu ambiente" (p. 223). O que se tinha então, nessa linha argumentativa, é uma visão imanente do ambiente das organizações, como já disse, e também uma visão não fatalista da relação organização-ambiente, dada a própria noção de interafetamento entre eles.

Talvez o texto mais representativo dessa linha argumentativa seja o livro de Thompson (1976). Publicado no mesmo ano que a teoria da contingência em organizações (Lawrence e Lorsch, 1967), esta a representação mais clara da outra linha argumentativa a ser descrita adiante, o livro de James Thompson também refletia a influência sistêmica sobre o campo acadêmico da administração e mesmo a influência da teoria da contingência que, como veremos mais à frente, se desenvolvia paralelamente à linha estrutural-funcionalista. Todas essas influências se faziam sentir na própria definição de organizações para Thompson, mas principalmente a opção intransigente pela racionalidade – compreendendo sempre algum grau de autonomia – como marca da organização como sistema social e, assim, da própria análise organizacional que aquele autor elaborou: "... para as finalidades deste livro, conceberemos as organizações complexas como sistemas abertos, e conseqüentemente indecisas e confrontadas pela incerteza, mas ao mesmo tempo sujeitas a critérios de racionalidade e conseqüentemente necessitadas de resolução e certeza" (Thompson, 1976, p. 24).

No que se refere a ambiente de organizações, Thompson (1976) trabalhava com o conceito de "ambiente operacional" para evitar o tratamento do ambiente enquanto generalidade indistinta, conduzindo dessa forma a análise para a relação com outras organizações do meio que de fato são importantes, da perspectiva da organização que se toma como foco. Não é demais relembrar que a noção de ambiente de operação, nesses autores, referia-se às relações de permuta, portanto, relacionadas a competição e cooperação, configurando de fato uma "rede de dependências" (p. 46).

Apesar de as organizações refletirem em sua estrutura a complexidade do meio ambiente em que estão inseridas, sendo, portanto, expressão daquele meio, tal relação era também no livro de Thompson descrita como possuindo uma segunda via de influência, de uma organização específica para com seu meio. Para Thompson (1976, p. 192), "o fato de as organizações existirem com o consentimento de seus ambientes não as sujeita automaticamente a controle societário". O autor advertia ainda que, no que tange às relações pertinentes a um ambiente de operações, uma organização podia vir a adquirir poder em relação a elementos do ambiente, dependendo da capacidade que ela possuía ou vinha a possuir para satisfazer necessidades desses elementos, sendo tal poder proporcional à impossibilidade de outras organizações atenderem à mesma necessidade.

Paralelamente a essa linha argumentativa, com as características que até aqui tentei evidenciar, outra linha, com características em parte semelhantes a esta, em parte opostas, foi-se desenvolvendo para explicar o ambiente das organizações como força determinante sobre as organizações. Essa segunda linha é o meu foco nas páginas seguintes, que encerram esta primeira parte.

capítulo 4

Sistemicismo e a Teoria da Contingência em Administração – Ambiente como "Fato Dado"

1º

A idéia de analisar organizações como sistemas abertos criou raízes cada vez mais profundas e frutificou, apesar de nunca se ter explicado a contento (salvo, talvez, muito recentemente, com a sociologia neofuncionalista) com que razão se poderia utilizar conceitos aplicados a sistemas físico-químicos para entender a realidade social, a não ser como uma simples metáfora, e não com o realismo que freqüentemente se observou. Na década de 1960, o conceito "ambiente organizacional" formou-se na literatura organizacional. Além do livro de Rice (1963), dos demais textos produzidos pelo grupo da abordagem sociotécnica e de vários textos importantes (alguns dos quais já tratados há pouco, na seção anterior), a discussão a respeito de ambiente organizacional remete-nos a três livros fundamentais para a história do conceito, da teoria das organizações e principalmente da administração: *The management of innovation*, de Burns e Stalker (2000); *The social psychology of organizations*, de Katz e Kahn (1966) e *As empresas e o ambiente*, de Lawrence e Lorsch (1976 [1967]).

De fato, nenhum desses textos tinha no ambiente seu foco exclusivo e nos dois primeiros ele não era sequer o foco central da discussão. Burns e Stalker (2000), à semelhança dos autores da abordagem sociotécnica – mas também baseados declaradamente nas idéias de Philip Selznick e George Homans –, utilizaram a noção de sistema aberto para definir dois modelos de gestão, um que chamaram mecanístico e outro que denominaram orgânico. O que é relevante para os propósitos desta monografia é o tipo de relação que aqueles autores estabeleceram entre tais modelos e o ambiente em que as organizações se inserem: "Em primeiro lugar, a utilidade das noções de sistemas de gestão 'mecanístico' e 'orgânico' reside largamente em que eles são relacionados enquanto variáveis dependentes com a taxa [rate] de mudança ambiental" (Burns e Stalker, 2000, p. xxi).

Em seqüência, os autores especificaram o sentido de "ambiental" em seu texto, isto é, a base tecnológica de produção e a situação do mercado, coerente com a noção, sempre presente na literatura especializada, de ambiente como conjunto de variáveis objetivas. Na verdade, Burns e Stalker (2000) reconheceram um princípio racionalista em ambos os modelos de gestão, uma vez que o que eles admitiam – ou o que encontraram nos dados dos seus estudos – era que ambos os modelos podiam ser explícita ou deliberadamente criados com o intuito de adaptar a organização à situação presente no ambiente. É o mesmo tipo de relação proposto pela abordagem sociotécnica (Emery e Trist, 1960; Emery e Trist, 1965), inclusive com a mesma dubiedade entre racionalismo voluntarista assumido explicitamente, ao lado de princípios deterministas do ambiente sobre a organização, implicitamente admitidos (principalmente, Emery e Trist, 1965). Por outro lado pode-se e deve-se questionar se o mero esforço para elaborar deliberadamente medidas para melhor adaptação ao meio constitui de fato uma perspectiva racionalista, como aqui a admitirei. Minha opinião, a ser mais descrita posteriormente, é que não. Mas, na década de 1960, em textos relevantes, essa dubiedade não era tão incomum.

Outro caso importante em que ela ocorre é em Katz e Kahn (1966). Esses autores, no que é provavelmente o livro que melhor expressa a teoria dos sistemas na área organizacional e na administração, basearam-se também na noção de organizações como sistemas abertos e as analisaram utilizando todo o roteiro conceitual da teoria geral dos sistemas e da abordagem dos sistemas sociais. Com isso, a discussão em torno do ambiente externo das organizações perpassa todo o livro, inclusive reproduzindo a crítica de Emery e Trist (1960) à teoria de sua época que, segundo eles, colocava foco no entendimento de estruturas e processos internos, desconsiderando que estes somente poderiam ser adequadamente compreendidos quando analisados no contexto da sua emergência enquanto respostas das organizações a seus ambientes.

É importante destacar a afirmação dos autores quanto à natureza da relação das organizações com seus ambientes: em um primeiro momento Katz e Kahn (1966, p. 24) afirmaram que "ao adaptarem-se a seu ambiente, sistemas tentarão se relacionar com forças externas incorporando-as ou adquirindo controle sobre elas". Para não ser repetitivo, não vou novamente me deter para falar da externalidade e objetividade com que o ambiente ("externo") é tratado. Por outro lado, no final de seu texto, Katz e Kahn (1966, p. 448) expressaram a marca da literatura sistêmica em administração dessa década de 1960:

> A hipótese básica é que organizações e sua estrutura social são sistemas abertos que alcançam estabilidade através de sua estrutura de autoridade, de seus mecanismos de recompensa, e seus sistemas de valor, e que mudam primariamente por forças provindas de fora por meio de mudança significativa nos *inputs*. Algumas organizações, menos abertas que a maioria, podem resistir aos novos *inputs* indefinidamente e podem perecer ao invés de mudar. Poderíamos predizer, contudo, na ausência de mudanças externas, organizações são provavelmente [apenas] reformadas por forças internas e de modo limitado. Mudanças mais drásticas e revolucionárias são iniciadas e tornadas possíveis por forças externas. (Katz e Kahn, 1966, p. 448-449)

O que noto é que a abordagem sistêmica em organizações e administração comporta duas vias de entendimento da relação entre organizações e ambientes, uma de cunho estratégico – que admite que organizações podem ao menos tentar controlar forças externas relevantes – e outra de cunho mais fatalista, na qual apenas mudanças de menor escopo podem ser encaminhadas pela própria organização, sendo as reorientações ditadas por variações em forças externas. Essa segunda via é condizente com o contingencialismo que passa a predominar na administração e que será discutido a seguir.

Porém, se organizações podem de fato adquirir controle sobre seu meio social e se mudanças de grande escopo só provêm do meio, haveria circunstâncias nas quais organizações e ambientes entrariam em um círculo de mútuo reforço e, conseqüentemente, inércia completa ou pelo menos ausência de mudanças significativas? E ainda, se mudanças amplas provêm sempre do meio e as mudanças internamente provocadas são sempre de pequeno escopo, como aquele meio muda – considerando-se que estamos tratando de um meio – ou ambiente – social? Essas perguntas refletem pontos não respondidos na abordagem sistêmica convencional e, principalmente a segunda, é também um ponto de crítica contra a teoria da contingência das organizações, nos moldes propostos por Lawrence e Lorsch (1976 [1967]),[1] mas elas refletem aspectos que, nas décadas posteriores, embasaram esforços e desenvolvimento teóricos no âmbito da discussão da teoria dos sistemas sociais, conforme espero evidenciar na segunda parte desta monografia.

---

[1] Na verdade, tais perguntas, do meu ponto de vista, não estão sequer formuladas dentro da abordagem convencional dos sistemas sociais, ao menos de forma explícita. São questões que partem de um princípio de circularidade e até recursividade que só se encontra formulado, fora do campo da filosofia, na abordagem que, a partir da década de 1980, foi chamada neofuncionalista e que vai exatamente se debruçar sobre elas.

Para finalizar esta primeira parte, resta reconhecer que a teoria da contingência das organizações, de Lawrence e Lorsch (1976 [1967]), segue padrões semelhantes às obras anteriores, baseadas na teoria dos sistemas e que lhe serviram de referência (inclusive Burns e Stalker, 1961, além da abordagem sociotécnica). Como aspecto peculiar, o texto de Lawrence e Lorsch (1976 [1967]) evita o dilema racionalismo voluntarista x fatalismo, presente em obras anteriores, com duas conseqüências importantes. A primeira delas é que não se cogita (como também não o fazem Burns e Stalker, ou Katz e Kahn) sobre a fonte das mudanças ambientais – e note-se que eles estão tratando de contextos ou realidades sociais. Tais mudanças foram tomadas como certas, simplesmente ocorrendo e, por ocorrerem, impactando as organizações e sua gestão. A segunda conseqüência é que, diante de tais ambientes externos que naturalmente mudam, a gestão eficaz seria aquela que consegue entender as exigências ambientais e planejar suas organizações para melhor se adaptarem a elas. Ou seja, o trabalho do gestor, na teoria da contingência das organizações, nos moldes propostos por Lawrence e Lorsch (1976 [1967]), era tentar adaptar as organizações individualmente às demandas do meio, principalmente superando o problema da necessária integração.

2º

Ao finalizar esta primeira parte, destaco que o empenho de revisão de literatura que embasou meu esforço até aqui permite formular cinco pontos que, ao mesmo tempo em que resumem os principais aspectos e argumentos desta primeira parte, representam também pontos importantes para melhor entendimento da história do conceito "ambiente", conforme delineada aqui:

1 Até a teoria sistêmica, os aspectos ou forças "externas" às organizações eram considerados na teoria administrativa e teoria das organizações de modo fragmentado e

embrionário; aquelas teorias estavam ainda em seu início (como ainda continuam em formação).

2 O conceito "ambiente organizacional" surge com o sentido atual no contexto da teoria geral dos sistemas, em sua aplicação ao estudo das organizações, que se dá em duas vertentes: uma de natureza estrutural-funcionalista, e outra mais próxima ao sistemicismo original, que é a abordagem sociotécnica.

3 O conceito "ambiente" organiza teoricamente, por assim dizer, a gama enorme de forças que impactam as organizações e que, sob certos critérios, podem ser consideradas como provenientes do entorno que circunscreve as organizações, ou seja, o que está além de suas fronteiras (aqui localizamos o valor metafórico do conceito para as áreas de administração e, mais especificamente, para a teoria das organizações).

4 A noção de sistemas fechados provém da física. São sistemas isolados do seu meio *versus* os sistemas vivos – ou abertos. Salvo como metáfora (e com certo exagero), nenhuma organização pode de fato ser um sistema fechado e talvez não tenha nunca sido pensada como tal.

5 Os autores da teoria da contingência em organização, em maior grau, mas também suas referências sistêmicas em administração e organizações, aproximam-se de um extremo fatalista. Ora, se estamos falando de um meio organizacional de natureza social (fatores tecnológicos, econômicos ou de mercado, institucionais etc.), estamos falando de contextos que só podem surgir com o concurso dos seres humanos e das próprias organizações. Se eles concorrem deliberadamente ou não para configurar tal ambiente ou, dito de outro modo, se ele é produto das intenções daqueles seres humanos, isoladamente ou em coletividade, é o que nos permite distinguir entre aborda-

gens ou teorias racionalistas e naturalistas quanto à relação entre organizações e ambientes organizacionais. Para mim, tanto os autores da abordagem sistêmica convencional quanto os da teoria da contingência das organizações se negaram, não explicitamente, a discutir de forma apropriada (ou mesmo de qualquer forma) este ponto e, por isso, terminaram por "coisificar" a noção de ambiente organizacional.

Nesta monografia, defendo a idéia de que essa tendência de coisificação do ambiente influenciou uma série de teorias a respeito das organizações e seus ambientes, em contraposição a outra tendência (também muito bem aproveitada pela literatura gerencialista, sempre muito ávida por modelos que possam ser simplificados e vendidos como a última moda em "pílulas de conhecimento" para a solução de todos os problemas empresariais!) que defende a possibilidade de atores sociais relevantes – individuais e, principalmente, organizacionais – interferirem em seus ambientes. Esse recurso de distinção é o fundamento para a segunda parte deste ensaio, que passo a apresentar.

capítulo 5

Ambiente nas Teorias das Organizações: Racionalismo e Naturalismo

1º

As duas linhas argumentativas delineadas no encerramento da parte anterior deste livro não foram tendências isoladas do campo da análise organizacional, senão reflexo de controvérsias mais intensas em outros campos das ciências sociais. Desde muito cedo, a sociologia tornou-se arena para diferentes concepções a respeito do ser humano e sua relação com seu meio social ou, no interessante jogo de termos com os quais Peter Berger (2002) trata a questão: "o homem na sociedade" e "a sociedade no homem". De fato, foi a linha contingencialista que mais se aproximou daquele amplo debate, com sua clara opção de entendimento do meio como fonte de determinações inescapáveis para as organizações. A linha estrutural-funcionalista, pelo menos em análise organizacional, parece ter-se mantido – em maior ou menor grau, dependendo do autor – razoavelmente distante tanto de um princípio fatalista quanto do seu oposto, o princípio de que o meio é – no seu todo – produto consciente e deliberado de organizações e atores sociais em busca da realização de seus próprios interesses.

Dennis Wrong, já em 1961, havia apontado a tendência que se tornava predominante nas ciências sociais, isto é, a concepção do ser humano como "supersocializado", ou seja, como internalizando normas provenientes do meio social de modo que sua conduta passa a ser entendida como "... totalmente delineada por normas comuns ou padrões institucionalizados" (Wrong, 1961, p. 13). Para Granovetter (1985), tal tendência nas ciências sociais (atribuída por Wrong em grande medida a Parsons) emerge como contraponto à visão de ser humano há muito predominante na economia. Nesse campo – com o qual a sociologia, desde Marx e Weber, pelo menos, travou contato em pontos essenciais – predomina a versão que define ser humano como agente racional, auto-interessado e em relação ao qual o meio cultural tem impacto apenas restritivo e não constitutivo, ou seja, um ser humano subsocializado em sua natureza (Wrong, 1961). Em administração e, principalmente, em teoria das organizações, essa controvérsia manifestou-se enquanto duas amplas tendências – apesar de que com elevada importância na história daquelas áreas. Poucas teorias de organizações assumiram uma ou outra perspectiva no seu extremo – talvez nenhuma, no caso da segunda perspectiva, ou seja, a de ser humano subsocializado![1]

Enquanto tendências, elas foram descritas por Gouldner (1959) como dois modelos de análise organizacional: o modelo racional e o modelo de sistema natural. Em relação ao primeiro, Gouldner (1959) o descreveu como concepção das organizações enquanto "... instrumentos (...) ou meios racionalmente concebidos para a realização de objetivos grupais expressamente anunciados" (p. 404). No modelo racional, o foco recai sobre aspectos formais da organização, sob um princípio de que ela é

[1] Como espero evidenciar na continuidade do texto, no que toca ao racionalismo em teoria das organizações, algumas vertentes teóricas continuaram a tradição, contudo, utilizando idéias menos extremadas quanto ao racionalismo, em especial a noção de racionalidade intencional, ou limites da racionalidade, proposta por Herbert Simon e colegas.

composta por partes ou dimensões isoladas ou pelo menos manipuláveis, e que o sucesso pode ser alcançado pelo adequado planejamento dessas dimensões e da sua interação. Como também destacou Scott (1992), a tônica desta vertente analítica é a idéia de que organizações são mecanismos que podem, em seu todo e em suas relações internas e externas, ser planejados, coordenados e conduzidos consciente e deliberadamente.

Gouldner (1959) aponta Max Weber como a fonte do racionalismo em análise organizacional. Clegg e Dunkerley (1980) acrescentam Karl Marx. Porém, em ambos, a racionalidade era uma questão histórico-social, e não um princípio da natureza humana. No seu sentido estrito, racionalismo teria a ver com princípios de decisão. Boudon (1998) o definiu como o princípio segundo o qual se supõe que todas as condições necessárias para a decisão se encontrem no próprio indivíduo, que decide, então, de modo auto-interessado e guiado pela intenção de maximização de seus ganhos. Cabe ressaltar novamente que poucas ou talvez nenhuma teoria administrativa ou organizacional contemporânea admite racionalidade nesse sentido estrito (próprio da economia clássica), principalmente após a ascensão da teoria sistêmica nas ciências sociais. O que encontramos são teorias – e, portanto, uma perspectiva de entendimento do ambiente de organizações – influenciadas com maior intensidade por essa concepção racionalista de ser humano. Além disso, é evidente que, após a incorporação das idéias sistêmicas à administração, poucas teorias de organizações deixam de estar, ao menos em alguns de seus aspectos, baseadas em conceitos ou aspectos sistêmicos, seja por meio da matriz estrutural-funcionalista, seja pela contingência.[2]

[2] Por essa razão, não há como estabelecer relação direta entre aquelas linhas argumentativas delineadas anteriormente e a classificação aqui proposta. Venho falando em tendências porque certamente aquelas linhas por vezes se combinaram entre si, e muitas vezes se mesclaram a outras orientações analíticas extra-organizacionais (sociológicas, psicológicas e econômicas, principalmente) para dar origem a teorias contemporâneas sobre organizações e sobre a relação entre organizações e ambientes.

Assim, aproveitando-me das categorizações propostas por esses autores aqui mencionados (Gouldner (1959) e Scott (1992), especialmente), mas também considerando o propósito central desta monografia, que é a discussão do conceito "ambiente", e não da teoria ou análise das organizações, trabalharei com a idéia de racionalismo como se referindo a uma tendência teórica de considerar a possibilidade de planejamento e controle deliberado e consciente das relações da organização para com o ambiente, em pelo menos uma das duas formas a seguir: 1) seja quando se entende o ambiente como produto de organizações e atores sociais racionais, auto-interessados, e 2) seja quando pelo menos se supõe que as organizações se autodeterminam nas suas respostas ao ambiente e, assim e ao longo do tempo, o que elas são dependem mais de escolhas internas que de determinação externa. Com esses pontos, penso contemplar aquelas teorias que pressupõem a relação entre organizações e ambiente como explicada pela autodeterminação de organizações e agentes individuais, sendo possível a tais organizações manterem elevado grau de escolha em face ao seu contexto ambiental.

O segundo modelo de análise delineado por Gouldner (1959) e denominado modelo de sistema natural, tende a definir organizações como sistemas cujo esforço maior é se manter em equilíbrio com seu meio, aspecto fundamental de sua sobrevivência. Tal equilíbrio é entendido mais como um processo espontâneo e homeostaticamente mantido, nos termos mesmos da teoria dos sistemas que lhe serve de base. Desse modo, "mudanças nos padrões organizacionais são consideradas o resultado de respostas cumulativas, não planejadas e adaptativas às ameaças ao equilíbrio do sistema como um todo" (Gouldner, 1959, p. 405).

Se o modelo racionalista é caracterizado pelas idéias de "deliberação" e "intencionalidade", o modelo sistêmico-natural é marcado por idéias como "o todo" e principalmente "emergente", em contraposição ao deliberado. Diferentemente do modelo anterior, definirei o modelo naturalista de análise como se referindo aos casos em que a teoria prevê ou admite uma relação de determinação do ambiente sobre as características e ações organizacionais.

Os autores – Goudlner (1959), Wrong (1961), Clegg e Dunkerley (1980), Scott (1992) – são unânimes em reconhecer Selznick e Parsons como fundadores desse modelo analítico em organizações ou, pelo menos, como seus primeiros representantes. Da mesma forma que, em relação ao modelo racionalista, também quanto a este modelo naturalista não parece, a esta altura, razoável admitir tamanha clareza quanto a suas origens. Como procurei destacar na primeira parte do ensaio, pelo menos outras duas matrizes – referentes a George Homans e à abordagem sociotécnica – contribuem de modo definitivo para a análise naturalista de organizações.

Gouldner (1959) chega a tratar como dicotomia os dois modelos analíticos de organizações. Acredito que, naquele momento inicial em que Gouldner estava escrevendo,[3] talvez essa separação aguda e estanque entre os modelos fosse compreensível e até aceitável.[4] Nas ciências sociais como um todo (se incluirmos a economia), ela parece ter sentido e importância, como defendem Wrong (1961) e Granovetter (1985), já citados, além de outros autores como Alexander e Giesen (1987) ou mesmo Boudon (1987, 1998). Mas, na teoria das organizações, como afirmei anteriormente, apenas com propósitos de defesa da vertente de entendimento das organizações como sistemas abertos é que se pode falar que a análise organizacional, em algum momento, considerou as organizações como mecanismos estritamente racionais. Apesar disso, concordo que houve e há teorias organizacionais estritamente naturalistas, nos termos defendidos por

[3] O que não é o caso de Clegg (1980) e Scott (1992), obviamente.

[4] Mesmo assim, Alexander e Giesen (1987) afirmam que Parsons e mesmo Weber constituem autores de síntese entre aqueles extremos, mais que versões dicotômicas, como querem Gouldner, Clegg ou Scott.

estes autores, o que não justifica a dicotomia. Nesta parte do livro, busco realçar as tendências dentro das principais vertentes teóricas, o que significa um exercício de sensibilidade – às vezes mais, às vezes menos necessário – para localizar a propensão de cada teoria tratada. Espero que fique evidente ao leitor que em poucos casos se pode classificar uma teoria, no que tange à noção de ambiente, estritamente dentro de um ou outro modelo.

O esquema a seguir é proposto para indicar as relações analíticas que acredito podem ser estabelecidas dentro do campo da teoria das organizações, no que tange ao conceito "ambiente de organizações" e derivadas da inserção da teoria geral dos sistemas no campo organizacional:

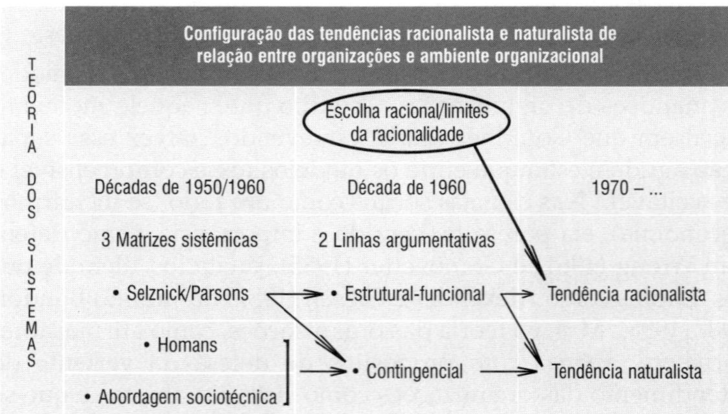

Fonte: elaborado pelo autor.

À luz desse modelo, analiso, doravante, o conceito "ambiente" nas teorias e abordagens contemporâneas de organizações, com um último alerta de que não se deve esperar total coerência, por razões óbvias ligadas às limitações de entendimento por parte do autor deste ensaio e porque algumas delas comportam vertentes com características dos dois modelos. Nesse último caso, tentarei ser fiel à predominância que encontrar na teoria.

capítulo 6

Ambiente no Modelo Racionalista de Análise Organizacional

1º

Tão cedo quanto o início da década de 1970, quando ainda a teoria da contingência em organizações (principalmente com Lawrence e Lorsch, 1976 [1967]) era explorada em seus vários aspectos no campo da administração, reações a ela e ao determinismo ambiental nela contido já se delineavam na teoria das organizações. Uma das principais reações foi delineada, em termos de proposta, por John Child, e veio a ser conhecida como a perspectiva da escolha estratégica. O termo parece ser apropriado principalmente porque não se configurou em uma teoria específica, mas se converteu sim em conjunto de proposições a respeito da autonomia organizacional em face das exigências de seu contexto operacional, mais chamando a atenção para a capacidade de escolha dos gestores (enquanto coalizão dominante) como outro fator de contingência nas organizações do que se tratando, propriamente, de uma negação da importância das variáveis contextuais.

A proposta original da escolha estratégica (Child, 1972) continha algumas proposições e possibilidades explicativas a respeito das decisões e ações estratégicas em organizações. Basicamente, a proposta criticava a visão contingencialista tradicional por ela implicar "... que o comportamento organizacional pode ser entendido pela referência aos imperativos funcionais mais do que à ação política" (Child, 1972, p. 2). Para o autor, mais que a simples associação de dimensões estruturais e fatores contextuais ou situacionais, a análise organizacional deveria reconhecer pelo menos três aspectos da relação entre organizações e ambiente: Primeiro, que "... tomadores de decisão em organizações podem ter alguma oportunidade para selecionar os tipos de ambientes em que elas irão operar" (p. 4); depois, que "os dirigentes, pelo menos das grandes organizações, podem ter poder suficiente para influenciar as condições prevalecentes nos ambientes onde suas organizações estão operando" (p. 4). Por fim, "algum grau de seleção ambiental está disponível à maio-ria das organizações, e algum grau de manipulação ambiental está disponível à maioria das maiores organizações" (p. 4).

Como o autor vai reconhecer em seu texto, a perspectiva de escolha estratégica representa uma versão politicamente orientada da análise organizacional, em decorrência do foco na variável "poder" como fator interveniente entre as contingências do meio e as ações de adaptação tomadas na organização, especialmente aquelas destinadas a adequar a estrutura às exigências do meio. Assim, se o ambiente continua sendo definido como fonte de contingências, Child (1972, 1973) nega, contudo, que ele suprima toda possibilidade de escolha por parte dos decisores, e o espaço que eles terão para tais escolhas vai variar – desde simples adaptação por seleção de diferentes alternativas de ação até a manipulação ou influência no próprio ambiente, por parte de organizações, coalizões e gestores mais poderosos. Oliver (1988) destaca que a relação entre organizações e ambiente é, nessa perspectiva, entendida como "frouxamente conectada", ou seja, uma relação na qual as restrições ambientais não necessariamente levarão à adoção de formas contextualmente predominantes. E isso em função da capacidade de responder proativamente que detêm os gestores.

Em resumo, Child (1972) reconhece que, nessa perspectiva, o impacto das circunstâncias ambientais sobre a organização não é direto, mas mediado pela escolha estratégica das coalizões dominantes nas organizações. Tal mediação é entendida, como reconhece Hall (1999) ao comentar a perspectiva da escolha estratégica, como decorrente de uma racionalidade limitada, e se dará – como já se observou aqui – mediante retenção de características estruturais por decisão da coalizão dominante, mediante seleção de forças ambientais às quais se responderá, ou escolha de diferentes ações possíveis para a mesma contingência ambiental, ou mesmo interferência no contexto ambiental, de modo a garantir a manutenção da estrutura sem grandes impactos no desempenho da organização (Child, 1972; Hall, 1999).

Child reconhece explicitamente se basear em duas fontes principais para desenvolver a idéia da escolha estratégica: primeiro na concepção de estratégia em Chandler (1962) e nos resultados de seu estudo a respeito da história da forma multidivisionalizada de organização, uma vez que tal modelo estrutural foi explicado como decorrente de escolha estratégica dos dirigentes das primeiras grandes organizações norte-americanas que o adotaram (ver também Hall, 1999). Além disso, os resultados obtidos pelo grupo de Aston em estudos a respeito das várias dimensões estruturais apontaram, com certa freqüência, fraca relação entre características estruturais e tecnologia – uma variável externa (ver principalmente Child e Mansfield, 1972; Pugh *et al.*, 1968 e comentários em Donaldson, 2001).

Como decorrência das várias idéias contidas na noção de escolha estratégica (algumas delas apenas mencionadas de passagem, mas não exploradas, como a sugestão de que variações nas contingências que circunscrevem a organização podem não afetá-la – ou os gestores podem não reagir a elas – em decorrência da avaliação feita pelos decisores), parece que houve novo impulso para a discussão de estratégia em organizações, com o surgimento de novas teorias e abordagens. Houve também impacto em teorias e abordagens nas quais a estratégia era temática apenas secundária e até mesmo naquelas cujos princípios eram mais naturalistas que racionalistas, como reconhece Donaldson (2001), a respeito da teoria da contingência estrutural (e também como se poderá notar em relação à dependência de recursos e mesmo à nova teoria institucional).

2º

Outra teoria organizacional com foco na relação entre organização e ambiente é a chamada teoria da dependência de recursos. Estritamente vinculada à abordagem da escolha estratégica, essa teoria, na realidade, parece olhar a questão do poder nas organizações de uma perspectiva complementar: se a escolha estratégica admitia que a coalizão dominante consegue deter poder suficiente para interferir no ambiente da organização, na abordagem da dependência de recursos uma das premissas fundamentais (básica para o desenvolvimento da teoria) é que a capacidade de influir no ambiente resulta em acréscimo de poder (Crozier, 1964; Scott, 1992).

Tal premissa, na verdade, encontra-se na raiz da idéia de dependência, quando analisada como contraponto da noção de poder em organizações, o que constituiu a origem da própria teoria da dependência de recursos. Essa relação de oposição entre dependência e poder se desenvolveu com base em autores como Emerson (1962), Crozier (1964) e Hickson *et al.* (1971). Na teoria das contingências estratégicas, proposta por Hickson *et al.* (1971), os autores explicavam mudanças no poder em organizações como decorrência do esforço das unidades organizacionais para adaptar o sistema organizacional às mudanças no ambiente. Como afirmam Clegg e Dunkerley (1980, p. 439), ao comentar aquela teoria, "mudanças no poder são causadas pela mudança na capacidade de lidar com a incerteza causada, por sua vez, pela adaptação sistêmica de subunidades a ambientes em mutação, ou que já mudaram". Alguns dos principais comentaristas das teorias contemporâneas de organizações (Clegg e Dunkerley, 1980; Scott, 1992; Aldrich, 1999; Hall, 1999) são unânimes em reconhecer que a teoria das contingências estratégicas é uma das bases teóricas da noção de dependência de recursos em organizações. Eles também reconhecem (em particular, Clegg e Dunkerley, 1980 e Hall, 1999) a estreita relação entre a teoria da dependência de recursos e a perspectiva da escolha estratégica.

Pfeffer e Salancik (2003 [1978]), no principal texto de referência daquela abordagem teórica, descrevem a teoria da dependência de recursos como tendo estreita relação com duas outras teorias de organizações que se tornaram importantes na década de 1980: a ecologia populacional de organizações e a teoria institucional. Apesar disso, no texto de Pfeffer e Salancik (2003 [1978]), grande parte do esforço teórico tinha o sentido de discutir possíveis meios pelos quais as organizações – ou seus gestores – respondiam às circunstâncias ambientais, principalmente interferindo naquelas circunstâncias de modo a diminuir ou até controlar e anular a dependência da organização com seu meio (e não o sentido mais determinístico, do ambiente sobre a organização, como é o caso das noções de ecologia populacional de organizações e como, por vezes, foi entendida a teoria institucional).

Assim, a relação entre organização e ambiente não é de mera aceitação passiva das determinações que vêm a se configurar no contexto; pelo contrário, no âmbito teórico da dependência de recursos "... as organizações buscam lidar ativamente com o ambiente" (Hall, 1999, p. 279), no sentido de garantir os recursos –

materiais, humanos e sociais – necessários para sua sobrevivência enquanto sistema. A ênfase, também aqui, recai na questão do poder da organização em face de outras organizações que compõem seu ambiente, expresso tal poder especialmente na questão da autonomia da organização (Pfeffer e Salancik, 2003 [1978]; Hall, 1999), relacionada, por sua vez, com seu contraponto teórico, a dependência em relação ao ambiente composto pelo conjunto daquelas outras organizações.

Pfeffer e Salancik (2003 [1978], p. xii) resumem o modelo afirmando essa relação conceitual circular: "a necessidade de recursos (...) obtidos do ambiente torna as organizações potencialmente dependentes em relação às fontes externas desses recursos". Por outro lado, concluem eles, se as organizações são restringidas por seu contexto (uma vez que, em geral, tais contextos são caracterizados por recursos escassos), elas têm a possibilidade de adotar estratégias para interferir nas fontes das limitações que as afetam, ou seja, elas "... possuem tanto o desejo quanto, ocasionalmente, a habilidade de negociar suas posições dentro do contexto dessas restrições usando uma variedade de táticas" (Pfeffer e Salancik, 2003 [1978] p. xii), no intuito de perseguir interesses organizacionais. Interação dinâmica é a imagem usada por aqueles autores para se referirem a tal relação circular, em que a organização é descrita como responsiva a demandas do seu meio – disso dependendo sua sobrevivência, mas ao mesmo tempo não podendo sobreviver se for totalmente responsiva àquele meio (Pfeffer e Salancik, 2003 [1978]; ver também Aldrich e Pfeffer, 1976).

Na análise de Hall (1999), essa capacidade organizacional é entendida, em conformidade com a teoria da dependência de recursos, como se manifestando pelo menos de três modos: pelo fato de que mais de um tipo de decisão ou alternativa está, geralmente, disponível para atender a uma mesma pressão ambiental (como é sugerido pelo conceito sistêmico de eqüifinalidade); pelo próprio esforço em se manipular o ambiente; e, também, pelo fato reconhecido na teoria de que as escolhas feitas em resposta ao ambiente, e mesmo sua definição, refletem diferentes percepções das condições ambientais, estas, por sua vez, baseadas em experiências e valores dos gestores. Essas possibilidades refletem a importância da figura do gestor nessa perspectiva teórica (pelo menos na concepção de Pfeffer e Salancik, 2003 [1978]) mas, em especial, refletem a sua concepção de ambiente organizacional. Na dependência de recursos, o ambiente é descrito como produto de atores sociais ou grupos de interesse buscando estruturar o contexto social de modo a criar dependência para outros grupos e diminuir a própria dependência com os demais:

> No contexto social das organizações, por trás de todas as restrições há um grupo de interesse que trabalhou para ter tal restrição imposta. Uma vez que isso é assim, a restrição é potencialmente removível se houver possibilidade de organizar o suporte social e os recursos suficientes para removê-la. (Pfeffer e Salancik, 2003 [1978], p. 18)

O verbo utilizado para indicar o esforço de levantar tais restrições de que se constitui o ambiente das organizações – *to manage*, no original em inglês – não deixa dúvidas quanto ao elevado grau de deliberação que essa perspectiva analítica comporta em sua explicação das origens do contexto daquelas organizações. Tal destaque é relevante porque essa característica é uma das marcas centrais do modelo que aqui chamo racionalista, como já mencionei anteriormente, isto é, a negação de uma concepção supernaturalizada do ambiente das organizações, em favor da concepção que explica sua origem como resultado do próprio domínio de ação de atores sociais e organizações. Esse ambiente, assim definido com base em poder/autonomia e dependência, pode ser visto como um "quase-mercado" em que "... participantes ganham e perdem poder através de processos de barganha, negociação e compromisso..." (Aldrich, 1999, p. 64). A outra característica importante é a aceitação da possibilidade de interferência deliberada e intencional naquele contexto, o que também é preenchido pela teoria da dependência de recursos.

No que tange a esse segundo aspecto, merece destaque o papel que a gestão desempenha em organizações, dessa perspectiva analítica:

> Uma vez que muitas restrições derivam da ação de outros, uma importante função da gerência é influenciar esses outros como um meio de determinar o próprio ambiente. (...) Uma função da gerência então é guiar e controlar esse processo de manipulação do ambiente. (...) Outro componente da ação gerencial envolve tanto o reconhecimento do contexto social e das restrições nas quais a organização deve operar quanto a escolha dos ajustes necessários em relação a essas realidades sociais. (Pfeffer e Salancik, 2003 [1978], p. 19)

Esses aspectos refletem, em conjunto, a perspectiva criativa que a dependência de recursos atribui às organizações e aos gestores na relação com o seu contexto. Isso é claramente defendido em Aldrich e Pfeffer (1976, p. 83): "O modelo da dependência de recursos retrata a organização como ativa e capaz de mudar o, tanto quanto responder ao, ambiente". Os dois aspectos implicados aqui são a capacidade de mudar o ambiente (gerenciá-lo) e de adaptar-se "estrategicamente" (isto é, seguindo parâmetros deliberadamente escolhidos) ao ambiente. Para aqueles autores, mesmo na segunda opção, as organizações e os gestores não estão apenas reproduzindo padrões oriundos do ambiente. A adaptação, aqui, ainda é fruto de escolhas.

Dentre as ações possíveis, Pfeffer e Salancik (2003 [1978]) indicam que se pode tanto aquiescer quanto evitar a influência do meio. Ações mais afirmativas, por outro lado, são também possíveis, no sentido de gerenciar as condições de controle social que imperam sobre a organização ou, "controlar o contexto de controle", no jogo de palavras proposto pelos próprios autores. Um resumo dessas possíveis respostas organizacionais é proposto por

Oliver (1991), em relação às quais apenas merece a ressalva a respeito do tom negativo implícito em relação às respostas de confrontação às determinações do meio, sempre designadas por termos que conotam desvio (por exemplo, manipulação ou rejeição). Tal viés não é condizente com o valor atribuído a essas respostas no âmbito da própria teoria da dependência de recursos (para Scott, 1992, na dependência de recursos as organizações são concebidas como ativas na determinação do próprio destino!), além de não se resguardar espaço para a criação do contexto social.

Cabe ressaltar que tais ações criativas são condizentes com a dependência de recursos, conforme toda a ênfase do livro de Pfeffer e Salancik (2003 [1978]), principalmente no papel desempenhado por gestores (ver também Aldrich, 1999; Aldrich e Pfeffer, 1976). Afinal, como destaca Aldrich (1999, p. 67), diferentemente de outras orientações teóricas, "... os teóricos da dependência de recursos concebem a relação entre organizações e seus ambientes como sendo muito ativa". Por outro lado, é necessário destacar que a proposta do artigo de Oliver (1991) teve e ainda tem grande valor para a teoria das organizações e para a discussão do ambiente organizacional, senão por outras razões (a conjugação teórica entre dependência de recursos e nova teoria institucional, por exemplo), por ser um dos poucos esforços explícitos para sistematizar e possibilitar a utilização empírica das categorias de respostas organizacionais; seus limites não são maiores que aqueles normais em qualquer proposta dessa natureza e, afinal de contas, um marco inicial é sempre melhor que nenhum.

As duas vertentes até aqui descritas, a abordagem da escolha estratégica e a teoria da dependência de recursos, possuem um razoável apelo gerencialista, apesar de sua seriedade. O que quero dizer com isso (apesar de reconhecer e aceitar o sentido negativo do termo "gerencialista") é que elas são vertentes com elevado grau de voluntarismo na concepção que fazem do papel do tomador de decisões em organizações, sem, contudo, aceitarem explicitamente um modelo sistemático de racionalidade.

3º

Além dessas duas perspectivas até aqui descritas, outras duas teorias foram sistematizadas na década de 1970 e revelaram-se importantes vertentes no campo organizacional: a visão baseada em recursos e a teoria dos custos de transação. Ambas fazem parte da vertente analítica que vem sendo denominada de "economia de organizações" (Barney e Hesterly, 1996) e representam uma ênfase específica e peculiar para o entendimento da relação das organizações com seus ambientes.

A visão baseada em recursos VBR (*Resource-Based View*), no original em inglês, tem como um de seus argumentos mais centrais a noção de que diferentes desempenhos econômicos das organizações (ou firmas, no jargão da economia) podem ser adequadamente explicados pela análise de como seus recursos são combinados e aplicados (Grant, 1991). Diferentes organizações capturam, combinam e aplicam diferentes recursos, obtendo resultados diferentes. Especificamente, dois são os pressupostos dessa teoria: "(1) que os recursos e capacidades podem variar significativamente entre firmas; e (2) que essas diferenças podem ser estáveis" (Barney e Hesterly, 1996, p. 133). Conforme discutem aqueles autores, esses pressupostos afastam a VBR da perspectiva neoclássica em economia por rejeitar que organizações em um mesmo ramo de atividade (e por estarem, em função disso, sujeitas ao mesmo conjunto de forças contextuais) serão idênticas. Note, com isso, o princípio implícito de que o desempenho da organização depende mais de critérios internos, sujeitos à escolha, que das formas ambientais homogeneizantes.

Em um dos textos iniciadores da VBR, Wernerfelt (1984) definiu a organização como algo similar a um pacote de recursos, de três tipos pelo menos: tangíveis, intangíveis (legitimidade, por exemplo) e competências (isto é, arranjos e capacidades internas que potencializam os recursos de outras ordens). Esses recursos, entretanto, somente se tornarão fonte de vantagem competitiva se forem raros, no caso de serem recursos tangíveis, ou difíceis de imitar, no caso de competências ou até recursos intangíveis (Barney, 1991).

Barney e Hesterly (1996) resumem os tipos de recursos com que lida a VBR em recursos financeiros, recursos físicos, recursos humanos e recursos organizacionais. Barney (1991, p. 101) define mais detalhadamente tais recursos que, para ele, "... incluem todos os ativos, as capacidades, os processos organizacionais, os atributos da firma, informações, conhecimentos etc., contratados por uma firma e que a capacitam a conceber e implementar estratégias que aumentam sua eficiência e efetividade". É da posse, combinação e uso desses recursos, em face de ambientes que oferecem oportunidades e ameaças às organizações, que estas desenvolvem (ou não) vantagem competitiva sustentável (Barney, 1991).

De acordo com Barney (1991), o modelo baseado em recursos de análise da organização é eminentemente interno, uma vez que se refere aos pontos fortes e fracos de uma organização. Nesse sentido, o mesmo autor destaca também que as organizações podem desenvolver, e de fato desenvolvem, aqueles recursos e capacidades (inclusive reputação) que lhes servem para a obtenção de vantagens sustentáveis, mas, em geral, isso não ocorre de modo fácil ou rápido: a visão baseada em recursos defende que "... alguns recursos e capacidades somente podem ser desenvolvidos em longos períodos (ou seja, são historicamente dependentes) (...) pode nem sempre ser claro como desenvolver essas capacidades em um curto ou médio espaço de tempo (ou seja, eles subjazem a certa ambigüidade causal) e (...) alguns recursos e capacidades não podem ser comprados e vendidos (ou seja, subjazem a certa complexidade social)" (Barney, 2001b, p. 645). Assim, apesar do foco interno da teoria, ela explicitamente reconhece (ou pelo menos veio a reconhecer, mais recentemente) que a relação entre pontos fortes e fracos organizacionais e a construção de vantagem competitiva não é direta e sim dependente, em essência, do contexto competitivo, ou ambiente.

Podemos então aceitar a avaliação de Oliver (1997) de que a VBR, em relação às decisões quanto a escolha, captura e acumulação de recursos, sustenta uma lógica próxima a uma noção de escolha racional. Por outro lado, essa racionalidade não explica, no âmbito da teoria, o valor dos recursos internos. Para autores da VBR, tal valor provém da raridade dos recursos e impossibilidade de imitação das capacidades, o que se refere, então, a características do meio que, por sua vez, não são explicadas pela teoria ou, não são admitidas explicitamente como produto das organizações e seus dirigentes ou estrategistas.

No âmbito da lógica da VBR, vantagem competitiva provém da posse e do uso de recursos e capacidades em contextos competitivos e sociais específicos, nos quais aqueles recursos e capacidades são raros, difíceis de imitar e, portanto, são valiosos. A mudança do contexto fatalmente significará perda dessa vantagem. Portanto, se a VBR admite escolha estratégica quanto aos recursos, quanto à vantagem competitiva (ou seja, quanto à relação organização-ambiente), ela pode ser entendida como uma teoria de natureza evolucionária. O papel estratégico dos gestores está em descobrir e explorar com aptidão os recursos valiosos e capacidades que uma organização possui (Barney, 2001b). Implica também desenvolver esses recursos e capacidades, como há pouco ressaltei. Todavia, não implica, pelo menos explicitamente, interferir no meio competitivo ou no ambiente, o que sugere que, nos termos que adotei aqui para classificação das teorias, ela não está em um extremo racionalista. De fato, Barney (2001b) reconhece o princípio evolucionário subjacente à VBR ou pelo menos a alguns dos textos vinculados à teoria, a começar pelo próprio artigo (Barney, 1991).

Em outras palavras, ela não supõe intervenção da organização no meio (nem tampouco o nega, mas evita discutir), apenas supõe explicitamente resposta da organização ao meio ambiente, por vezes consistindo tal resposta na mera descoberta e no uso de recursos que já possui, às vezes supondo a construção deliberada dos recursos que permitem uma resposta adequada.

Essa forma de relação organizações-ambiente fica evidente, no que se refere à VBR, principalmente em Amit e Schoemaker (1993) e Ginsberg (1994), além dos textos de Jay Barney. Para aqueles autores, o ambiente das organizações é marcado por incerteza e complexidade, e isso afeta ou mesmo impõe obstáculos à identificação, manutenção e disposição dos recursos e, conseqüentemente, à obtenção de vantagem competitiva. Tal incerteza, de acordo com os autores, tem relação tanto com tendências econômicas, regulatórias, sociais, tecnológicas, quanto com o comportamento de competidores e as preferências dos consumidores. Isso sugere que a incontrolabilidade é a característica principal do ambiente na VBR, não passível de modelagem (Amit e Schoemaker, 1993).

Por outro lado, a VBR não é uma teoria de fundo fatalista e apesar de tendências mais recentes de incorporação de elementos socioconstrucionistas e interpretacionistas na VBR (Helfat e Peteraf, 2003, por exemplo) e de recuperação de certos elementos de explicação econômica baseados em critérios evolucionários ou não intencionais (a chamada "economia ricardiana"), de certo que, em sua base, a explicação fundamentada em recursos atribuía elevado valor às escolhas individuais como critério principal de adaptação e que resultam em algum controle do ambiente, mesmo que indireto, na medida em que se defende que ações adaptativas internas à organização podem implicar melhor aproveitamento de características ambientais.

4º

Nesse sentido, uma quarta teoria, a teoria dos custos de transação, é mais contundente na defesa da racionalidade do tomador de decisão e, provavelmente em decorrência de sua origem no campo da economia, contém um modelo explícito de racionalidade, o que tem implicações importantes para a sua concepção de ambiente organizacional.

A teoria dos custos de transação ou economia dos custos de transação insere-se na perspectiva analítica do chamado novo institucionalismo, especificamente, nova economia institucional e de modo semelhante ao neo-institucionalismo sociológico e organizacional (discutido posteriormente neste texto), também vem recebendo crescente ênfase nas últimas duas décadas. Suas origens estão fundamentadas no pensamento de economistas institucionalistas do final do século XIX e início do século XX, além de Herbert Simon, Chester Barnard, Friedrich Hayek e principalmente Ronald Coase.

Apesar disso, Scott (2001) afirma que a nova economia institucional – em especial, a teoria dos cursos de transação – se distancia em alguns pontos da velha economia institucional, principalmente no que se refere ao seu nível analítico e a alguns de seus pressupostos. Dessa forma, a teoria dos custos de transação tem foco no nível microcomportamental, quando analisa o comportamento de atores e organizações baseados em oportunismo, e também tem foco no nível mesoanalítico, quando se detém sobre a eficácia comparativa de diferentes formas de governança (Williamson, 1981). Já a velha economia institucional de autores como Thorstein Veblen e John Commons tinha como foco entender as origens e conseqüências das amplas regras institucionais (Scott, 2001).

Quanto a seus pressupostos, a nova economia institucional mantém, segundo Hodgson (apud Scott, 2001), princípios atomísticos e individualistas de entendimento de comportamento econômico, ponto inclusive de crítica por parte de Granovetter (1985) que, da perspectiva da sociologia econômica, chama a atenção dos novos institucionalistas em economia para o necessário entendimento da natureza socialmente imersa do comportamento econômico.

Na teoria ou economia dos custos de transação, a unidade básica de análise recai sobre as transações econômicas; entender como os custos de transacionar afetam as decisões é o ponto central na análise das organizações dessa perspectiva (Williamson, 1981). Especificamente, busca-se relacionar custos comparativos das transações econômicas de diferentes estruturas de governança (mercados, hierarquias ou híbridos), sob o princípio de que tais custos definirão as estruturas adotadas (Williamson, 1981). Segundo Robins (1987, p. 69), os "custos de transação são aqueles custos associados com uma troca econômica e que variam independentemente do preço de mercado dos bens e serviços comercializados". Exemplos de fatores que elevam esses custos são a incerteza em determinar preços competitivos, a dificuldade para monitorar e impor desempenhos pós-contratuais e a necessidade de investimentos especializados.

São dois os pressupostos comportamentais subjacentes à teoria dos custos de transação: "(1) o reconhecimento de que agentes humanos são sujeitos a limites de racionalidade e (2) o pressuposto de que pelo menos alguns daqueles agentes são dados ao oportunismo" (Williamson, 1981, p. 553; ver também Barney e Hesterly, 1996). Em decorrência disso, são estabelecidas forças seletivas, provenientes da incerteza decorrente desses dois aspectos, que exigem das organizações respostas adaptativas, operacionalizadas por meio de escolha e adoção de estruturas de governança: "Assim tanto ele [referência a James Thompson, autor de *Organizations in actio*, 1967] quanto eu enfatizamos que agentes humanos são sujeitos à racionalidade limitada e que o problema básico com que organizações devem lidar é a efetiva adaptação à incerteza" (Williamson, 1981, p. 568-569; ver também Ouchi, 1980 e Hall, 1999).

De modo similar, Ouchi (1980, p. 130) define a "... eficiência como o elemento fundamental na determinação da natureza das organizações". A teoria dos custos de transação, portanto, escapa do determinismo ambiental pelo foco na escolha da estrutura de governança, em busca de eficiente economia de transação, como o elemento analítico central. Como sugere Williamson (1981), tal foco trás para a organização o princípio determinante de si mesma. Por outro lado, a própria sugestão de eficiência como objetivo orientador não permite que se entenda que todas as opções de governança são similares, uma vez que a teoria defende que o comportamento da organização será explicado – assim como em uma teoria naturalista como a ecologia populacional de organizações – pela busca por adequação adaptativa. Nos termos de Williamson (1981, p. 568), "a abordagem dos custos de transação vem encaminhando essa questão principalmente no contexto das organizações comerciais, em que tanto a competição no mercado de produtos quanto de capital são as fontes de pressões naturais de seleção".

Assim, temos, na importância da eficiência, o elemento determinante sobre as organizações, o que é diferente da concepção de algumas teorias de tendência racionalista, mas também é diferente de modo importante das teorias que designo, nesta monografia, de estritamente naturalistas. Há, aqui, um princípio determinante sobre as organizações, no entanto, ele não atua sobre elas de modo independente, senão pela própria ação dos agentes (termo usado por Williamson) ou atores sociais. Para Robins (1987, p. 71), "a análise de custos de transação atribui papel causal à eficiência (...). A minimização dos custos de transação se torna um determinante primário da forma organizacional sob o pressuposto de que a estrutura interna mais eficiente substituirá todas as outras". Para mim, a relação entre organização e ambiente aqui é mais bem descrita como evolutiva, mais do que como uma em que se pode encontrar determinação ou causação unidirecional ou fatalista. A eficiência, neste modelo, é a base oferecida pela teoria dos custos de transação para que sejam entendidas as forças delineadoras da estrutura organizacional (ou mais especificamente, a estrutura de governança) em resposta às condições econômicas em mutação (Robins, 1987). O sentido aqui é evolucionário, como explicitamente reconhecem Robins (1987) e mesmo Williamson (1981).

Nessa perspectiva, ambiente organizacional é entendido como conjunto de atores sociais transacionando bens e serviços (Williamson, 1981; Hall, 1999); além disso, o conjunto de regras formais e, no nível mais amplo, as instituições e normas culturais (Williamson, 2000). As instituições informais, costumes, tradições e normas religiosas (ambiente mais amplo) têm ritmo de mudança, segundo Williamson (2000), extremamente lento (secular); mesmo as regras formais mudam apenas em questão de décadas. Esses dois níveis exemplificam a concepção evolucionista subjacente à economia dos custos de transação. Desse modo, "... muitas dessas instituições informais têm principalmente origens espontâneas – que quer dizer que escolhas deliberadas de um tipo calculativo estão minimamente implicadas [na sua produção]" (Williamson, 2000, p. 597). Dadas essas origens evolucionárias, elas são adotadas e passam a revelar grande propensão à inércia. Em relação ao ambiente institucional, o nível ambiental das instituições formais, Williamson (2000) admite a possibilidade de intervenção apenas parcial; tais instituições formais são "... parcialmente o produto de processos evolucionários" (p. 598), havendo possibilidades também para o seu *design* deliberado, obviamente que não em relação ao ambiente mais amplo, senão apenas em relação ao ambiente chamado por ele organizacional (Williamson, 1981).

Como destaca Aldrich (1999), o princípio evolucionista da economia dos custos de transação encontra-se dependente das intenções racionais de atores sociais auto-interessados (ver, inclusive, Granovetter, 1985), e também do fato de que tais intenções encontram restrições para sua efetivação: novamente, esta é uma teoria pautada no princípio da racionalidade limitada.

Comportamento oportunístico somado aos limites da racionalidade de decisores gera, no âmbito da economia dos custos de transação, variação nas organizações e, como procurei discutir anteriormente, também em seus ambientes organizacionais.

Em face de recursos escassos no ambiente, as alternativas que permitem melhor uso de recursos no contexto competitivo serão selecionadas (nos termos de Williamson, 2000, tal seleção parece ocorrer pela adequação das escolhas relativas a alocação e emprego de recursos em relação às estruturas de governança e destas para com o ambiente institucional ou, às "regras do jogo"). Tem-se, na teoria, não a negação do auto-interesse, mas a sua afirmação como o princípio da ação (Aldrich, 1999), mas com conseqüências bastante diversas para a organização e para o ambiente. Como sugere Granovetter (1985), trata-se de teoria fortemente pautada no estrutural-funcionalismo mertoniano, em sua noção de conseqüências não intencionais da ação. Em termos de sua colocação no modelo desta monografia, a teoria dos custos de transação poderia muito bem ser apontada como intermediária entre racionalismo e naturalismo. Contudo, como a própria teoria recorta o ambiente das organizações em várias camadas e admite que, em relação à camada mais próxima, deve-se esperar que a dinâmica intencional de gestores venha a afetá-la, ela foi aqui alocada nesta primeira parte da discussão das atuais teorias de organizações.

capítulo 7

Ambiente no Modelo Naturalista de Análise Organizacional

1º

A teoria da contingência, que já foi vista anteriormente, não ficou restrita aos textos da década de 1960. Novos estudos foram feitos nas décadas posteriores e, pelo menos segundo seus defensores, ela continua sendo a melhor representação em teoria das organizações do paradigma funcionalista de ciências sociais. O principal autor atualmente vinculado à teoria contingencial é Lex Donaldson (1996, 2001), com a teoria da contingência estrutural.

Além dos estudos de Lawrence e Lorsch (1976 [1967]), de Burns e Stalker (2000 [1961]) e de outros representantes da abordagem contingencial em organizações, a teoria da contingência estrutural decorre em grande medida dos resultados das pesquisas do Grupo de Aston concernentes à burocracia. Além dessas influências principais, Pennings (1975) destaca a importância de Thompson (1976 [1967]) para a teoria da contingência estrutural, em especial a análise de condições tecnológicas e ambientais e seu impacto sobre as organizações. O principal conceito nesta teoria é o de "fatores de contingência" ou, simplesmente, contingências. Uma contingência é "... qualquer variável que modera o efeito de uma característica organizacional sobre o desempenho organizacional" (Donaldson, 2001, p. 7). A teoria da contingência estrutural admite como um dos seus pressupostos fundamentais que contingências e estrutura organizacional estão associadas e, mais especificamente, que contingências determinam a estrutura (Donaldson, 2001).

A adequação entre estrutura e contingência conduz a organização a alto desempenho, e o oposto, a baixo desempenho. A variável desempenho, portanto, é a que justifica teoricamente a defesa da teoria da contingência estrutural do determinismo da estrutura em relação aos fatores de contingência. Nota-se aqui o que já destaquei anteriormente, isto é, que essa teoria bem como as demais que aqui estou chamando de naturalistas têm como pressuposto subjacente que a relação entre organizações e ambiente é uma relação lógica: essas teorias – e a teoria da contingência estrutural principalmente – entendem que a realidade é racional (no sentido de "lógica") e que, portanto, organizações que, ao longo do tempo, não se adequarem ao critério de eficiência, não subsistirão.

Com relação às contingências, Donaldson (2001) descreve-as como incluindo tanto atores externos quanto internos à organização. Dentre essas contingências, os autores da teoria (especialmente Donaldson) apontam principalmente aquelas vinculadas à tecnologia, como incerteza da tarefa e interdependência da tarefa, o tamanho e a incerteza ambiental. De fato, parece consensual nos textos da teoria (e isso é herança da teoria da contingência originalmente desenvolvida por Burns e Stalker, 2000 [1961], e por Lawrence e Lorsch, 1976 [1967]) que o ambiente das organizações comporte as principais contingências no que tange à determinação das características estruturais. Assim, para Donaldson (2001, p. 17), "... estrutura é causada pela necessidade de adequar as contingências intra-organizacionais, (...) causadas pelas contingências ambientais. Dessa forma, a organização é delineada pela necessidade de se adequar a seu ambiente. As contingências ambientais indiretamente delineiam a organização através de variáveis intervenientes – as contingências intra-organizacionais". Então, a causa última das características organizacionais é o ambiente (Donaldson, 1996).

A teoria da contingência estrutural pressupõe, explicitamente, o determinismo ambiental da estrutura organizacional, sob o modelo chamado adaptação estrutural para reestabelecer a adequação (Donaldson, 1996). Tal adaptação tem, nesse modelo, exatamente este sentido: adaptação por esforço individual, seja de estrategistas, seja de organização. Apesar disso, há que se notar também que, no que se refere a essa adaptação, não é a vontade do tomador de decisão sua causa imediata. Apesar de ser produto de adaptação individual, a readequação entre estrutura e ambiente não é produto imediato da volição humana. Adaptação é um imperativo. Ela é descrita como um ciclo e ocorre na seguinte seqüência: "adequação [*fit*], mudança da contingência, não-adequação [*misfit*], adaptação estrutural, readequação" (Donaldson, 1996, p. 65). Nesses termos, a teoria da contingência estrutural é claramente tributária do pessimismo weberiano quanto à "gaiola de ferro" da burocratização organizacional e social, em torno da crescente aceitação da eficiência técnica como valor preponderante, o que, aliás, é altamente congruente tanto com os princípios do Grupo de Aston quanto com a obra de Thompson (1967), duas das principais bases dessa teoria.

Na teoria da contingência estrutural, como se viu então, adaptação é um termo-chave, talvez o mais importante para explicar o processo de mudança organizacional, uma vez que ele é o conceito que permite explicar o processo de mudança organizacional e entender a adequação entre estruturas organizacionais e ambiente. Paralelamente a isso, entretanto, outra vertente naturalista de teoria das organizações se desenvolveu para explicar o impacto do ambiente sobre as organizações, nesse caso, com base na noção de seleção (em vez de adaptação) como conceito-chave: a ecologia organizacional, de que trato a seguir.

2º

A ecologia das populações organizacionais ou simplesmente ecologia organizacional é teoria de natureza evolucionária, fortemente baseada em uma metáfora biológica para entendimento da realidade social e também altamente crítica da idéia de adaptação – em qualquer dos seus sentidos – como variável explicativa única ou principal do sucesso ou fracasso das organizações (Hannan e Freeman, 1977; Hannan, 1988).

Em um dos textos fundadores da ecologia das populações organizacionais, Hannan e Freeman (1977) defendem que organizações são sujeitas a inércia estrutural e, portanto, sua flexibilidade adaptativa mediante fortes pressões ambientais tende a ser diminuída, o que justificaria a escolha de modelos analíticos baseados em seleção para explicar a mudança organizacional. Para eles, "pressões inerciais emergem dos arranjos estruturais internos tanto quanto das restrições ambientais" (Hannan e Freeman, 1977, p. 931). No primeiro caso, são fontes estruturais de inércia organizacional os investimentos em plantas, equipamentos, pessoal especializado (isto é, ativos e custos que não são facilmente transferidos para outras tarefas, funções, ou vendidos sem perda), o fluxo de informações na organização, as restrições impostas pela política interna (isto é, mudanças estruturais alteram as relações internas de poder e isso costuma gerar resistência), e até mesmo os padrões tradicionais de alocação de recursos e autoridade na organização.

Já quanto às pressões inerciais externas os autores identificam as barreiras de natureza fiscal e legal para entrar e sair de mercados, as restrições existentes para obter informações do ambiente, a legitimidade que uma organização possui no seu ambiente de atuação (isto é, romper com padrões que fizeram uma organização legítima em seu contexto de atuação é difícil, pelo risco da perda daquela legitimidade) e o problema da racionalidade coletiva (ou seja, a dificuldade de se generalizar estratégias adaptativas de organizações individuais para várias outras organizações, em um mercado competitivo e de modo a se garantir que haverá equilíbrio). Em resumo, tem-se que "... as organizações [individuais] freqüentemente têm dificuldade em mudar estratégias e estruturas com velocidade suficiente para acompanhar o ritmo do ambiente mutável e incerto" (Baum, 1996, p. 77; ver também Hannan e Freeman, 1984).

Incerteza ambiental é outro conceito fundamental nessa teoria. De acordo com Hannan (1988) há duas barreiras para a possibilidade de conexão entre as decisões conscientes dos gestores organizacionais e os resultados da organização, no que tange a sucesso e fracasso: "diversidade de interesses entre os membros organizacionais [conforme vimos há pouco, em relação às fontes internas de inércia] e incerteza a respeito das conexões entre meios e fins" (Hannan, 1988, p. 99). Quanto à diversidade de interesses, o fato é que sob forte divergência as decisões e, em conseqüência, as ações decorrentes dependerão mais de uma lógica política que da racionalidade técnica (Hannan, 1988). Quanto à incerteza ambiental, o autor afirma que, "quando as conexões entre meios e fins são obscuras ou incertas, adaptações cuidadosamente concebidas podem ter conseqüências completamente inesperadas" (Hannan, 1988, p. 151). O que se tem, quanto a esse segundo fator, é uma ambigüidade causal no que se refere à relação entre as decisões e ações organizacionais e as exigências ambientais, do ponto de vista de organizações analisadas de modo isolado e sob um princípio de racionalidade.

Todos esses fatores implicam dizer então que organizações não mudam? Para Hannan (1988), não. O que eles significam é que mudanças isoladas não explicam o sucesso ou fracasso ou mesmo as características organizacionais predominantes. A existência e a predominância de certas características organizacionais são explicadas pelos teóricos da ecologia populacional em termos darwinistas, ou seja, como o produto do encontro casual de forças cegas. Assim, nos termos de Aldrich e Pfeffer (1976, p. 79), "... fatores ambientais selecionam aquelas características organizacionais que melhor se adequam ao ambiente". Então, ainda que o termo usado – *fit*, no original em inglês – possa também implicar adaptação ao meio, o sentido darwinista da teoria não comporta entendimento desse processo como consciente e intencionalmente dirigido, ou como produto de esforço individual (Hatch, 1997). Nos termos de Hannan e Freeman (1984), em face de um contexto de elevada incerteza, os esforços individuais de adaptação só podem ser entendidos como tendo relação aleatória com o sucesso ou fracasso futuro.

Para os autores da ecologia populacional das organizações, os fatores implicados na mudança e evolução organizacional são a variação, a seleção, a retenção e a difusão ou competição (Aldrich, 1999; Baum, 1996). Esses processos são definidos e exemplificados por Aldrich (1999), conforme o quadro a seguir transcrito:

Etapa do Processo de Evolução Social		
Processo evolucionário	**Definição**	**Exemplo**
Variação	Mudança de rotinas e competências; mudança nas formas organizacionais. • Intencional: ocorre quando pessoas ativamente se esforçam para gerar alternativas e buscar soluções para certos problemas. • Cega: ocorre independentemente das pressões ambientais ou de seleção.	• Dentro das organizações: busca por soluções para problemas. • Entre organizações: abertura de empresas por parte de pessoas que ainda não participavam da indústria. • Erros, mal-entendidos, surpresas e mera curiosidade.
Seleção	Eliminação de certos tipos de variações. • Seleção externa: forças externas a uma organização e que afetam suas rotinas e competências. • Seleção interna: forças internas a uma organização e que afetam suas rotinas e competências.	• Forças de mercado, pressões competitivas e conformidade a normas institucionalizadas. • Pressões em direção a estabilidade e homogeneidade e persistência de critérios passados de seleção que não sejam mais relevantes em um novo ambiente.
Retenção	As variações selecionadas são preservadas, duplicadas ou reproduzidas.	• Dentro das organizações: especialização e padronização de papéis que limitam a escolha. • Entre organizações: institucionalização de práticas em crenças e valores culturais.
Competição	Disputa para obtenção de recursos que são escassos porque seu suprimento é limitado.	• Disputas a respeito de capital ou legitimidade.

Fonte: Traduzido e adaptado a partir de Aldrich (1999, p. 22).

Como destaca Baum (1996), variação implica comportamentos humanos, intencionalmente produzidos ou não. De igual modo, a retenção daquelas variações mais benéficas, em face das exigências ambientais, também pode ser realizada no âmbito das próprias organizações. Por outro lado e como já afirmei antes, quanto mais incerto for o ambiente e mais ambígüa a identificação das causas do sucesso, mais randômico se mostrarão aqueles processos.

Aldrich (1999) parece ser mais claro na descrição desses processos, ao admitir – como se observa no quadro anteriormente transcrito – que eles ocorrem também com o concurso da intenção humana que, entretanto, tem um papel peculiar no modelo da ecologia populacional. Nessa teoria, as escolhas de gerentes e estrategistas geram variações e podem contribuir para a seleção e até retenção de variações mais apropriadas; porém o processo como um todo, que implica o sucesso de determinadas estruturas ou processos que perduram no tempo e se difundem no espaço, tornando-se predominantes, só pode ser entendido na sua totalidade quando a noção de aleatoriedade é agregada à equação. A relação entre comportamentos intencionais – por mais importantes que eles sejam – e o sucesso é probabilística, e não-linear ou direta. Temos, então, que

> A teoria ecológica assume que indivíduos nem sempre podem (ou geralmente não podem) determinar antecipadamente quais variações serão bem-sucedidas ou mudar estruturas e estratégias de suas organizações com velocidade suficiente para acompanhar as demandas dos ambientes incertos e mutáveis. Conseqüentemente, em contraste com as abordagens de adaptação, que explicam mudanças nas organizações em termos de escolhas e mudanças estratégicas cumulativas para as organizações existentes, as abordagens ecológicas realçam a criação de novas organizações e a morte de outras. (Baum, 1996, p. 78)

Note, então, que o papel de gestores e estrategistas nas organizações é importante, mas não decisivo, em especial à medida que aumenta a complexidade e a dinamicidade ambiental. Já em termos da relação entre organizações individuais e ambientes, essa teoria, claramente, atribui maior poder explicativo ao foco no ambiente como fonte de características organizacionais, ao menos no longo prazo. O poder de definição do sucesso – em termos de adequação ou "melhor adaptação" – migra fortemente das mãos de estrategistas para as forças cegas do meio ambiente que é entendido como explicado, em virtude de sua complexidade, como produto intencional daqueles atores. Esses aspectos são resumidos de modo interessante por Aldrich (1999, p. 33), quando ele afirma que "variação, seleção, retenção e competição ocorrem simultaneamente mais do que seqüencialmente. De forma analítica, os processos podem ser separados em fases discretas, mas, na prática, eles se relacionam em contínuos círculos e ciclos de 'feedback'". Essa mesma idéia vai aparecer em outras teorias organizacionais – em particular na nova teoria institucional, que será discutida à frente. Por ora, é importante ressaltar que tal idéia marca e realça uma característica importante nas teorias de matriz naturalista – todas elas, mas, em especial, a ecologia populacional[1] – ou seja, a noção de que, ao lado da racionalidade dos atores sociais individuais dentro das organizações, o ambiente também comporta em si uma lógica própria, de modo que a explicação da realidade organizacional como ela é deixa de ser, dessa perspectiva, feita de modo plausível apenas pela perspectiva do estrategista ou tomador de decisão como se fosse um onisciente decisor plenamente racional.

A partir desse questionamento, a noção de limites da racionalidade humana desenvolvida por Herbert Simon (1970) e outros passa a ser determinante nas teorias de organizações, ditando um novo rumo a muitas das mais recentes teorias e contribuindo de forma geral, principalmente com os modelos de base racionalista, como na visão baseada em recursos e na teoria dos custos de transação, conforme já observei anteriormente. Em relação às teorias naturalistas, talvez a mais influenciada pela noção de limites da racionalidade seja a teoria institucional (ou neo-institucionalismo) em organizações, teoria de elevada

[1] Espero demonstrar à frente que esta é também uma idéia fundamental na nova teoria institucional em organizações, pelo menos em algumas de suas vertentes, e a sua desconsideração vem sendo fonte de vários mal-entendidos quanto àquela teoria.

complexidade e que vem gerando intenso e rico debate no campo da pesquisa em organizações, no Brasil e fora dele. A própria classificação da teoria institucional como naturalista é sujeita a controvérsias, uma vez que nela o elemento da escolha intencional/racional é muito importante. Minha opção aqui se dá pelo reconhecimento da importância dos processos de imersão social e da legitimidade como fundamentais naquela teoria e explicadores primeiros da própria racionalidade do decisor, nesse caso, também fruto (parcial) do contexto ambiental.

2º

Dentre as teorias organizacionais nas quais o conceito "ambiente" possui elevada relevância, a nova teoria institucional vem recebendo destaque nas duas últimas décadas. As discussões sobre a importância das instituições para a compreensão dos fenômenos sociais não são recentes. De fato, já a sociologia clássica, em suas principais vertentes, apresenta importantes análises em torno de aspectos sociais que mais contemporaneamente são vinculados à teoria institucional, principalmente em Max Weber e Émile Durkheim.

Essas fontes diversas deram origem a diferentes tendências contemporâneas de teoria institucional nas ciências sociais. Na sociologia, autores como Parsons (1956a e 1956b), Luhmann (1983), Giddens (2003) e Berger e Luckman (1997) representam derivações e continuidade daqueles fundamentos sociológicos clássicos e vão, uns mais outros menos, influenciar a teoria organizacional e dar a base para a constituição da perspectiva institucionalista em organizações.

No campo da teoria organizacional, a teoria institucional representa reação à concepção predominante há algumas décadas e que concebia as organizações como sistemas fechados e completamente autônomos, verdadeiros agentes racionais (conforme descritos por Scott, 1992; Scott e Meyer, 1994). Três sentidos são possíveis e têm sido identificados nas análises organizacionais, para o que aqui se está chamando perspectiva institucional em teoria da organização: o primeiro deles vai centrar-se na análise de aspectos institucionais ambientais, isto é, entendidos como externos à organização. Nesse sentido, os estudos institucionais buscam, em particular, analisar o impacto de padrões institucionalizados sobre a organização, sobre a forma como esta se relaciona com outros elementos ambientais ou mesmo nas formas como agentes organizacionais afetam padrões ambientais institucionalizados. Nesse caso, instituições vêm sendo trabalhadas, na teoria organizacional, enquanto variáveis independentes ou dependentes mas, principalmente, como fenômeno localizado, real, que se relaciona causalmente com as organizações (por exemplo, em Hamilton e Biggart, 1988; Edelman, 1990; Zucker, 1991).

Outro sentido possível para a perspectiva institucional vai centrar-se no que geralmente é denominado processo de institucionalização, ou seja, a difusão de estruturas ou processos organizacionais que passam a ser normativa ou cognitivamente sustentados como socialmente legítimos, apesar de não serem prescritos formalmente, isto é, na esfera da estrutura social legal (por exemplo, em Tolbert e Zucker, 1983; Zucker, 1991). A principal diferença é que, nesse caso, o foco não recai sobre instituições como produtos acabados, mas sobre o processo pelo qual elas são criadas e se difundem. Nesse sentido e diferentemente da perspectiva anterior, onde o foco está em macroestruturas sociais, nessa perspectiva, o foco passa a recair sobre o nível microssocial de análise, em geral admitindo-se esse nível como o escopo adequado para a análise institucional.

Scott (1994) aponta essas duas possibilidades como dois conjuntos de teorias, que entendem as instituições da perspectiva de seu impacto enquanto variável social ou da perspectiva do processo de sua conformação. São, sem dúvida, produto de distintos focos analíticos, concepções ontológicas a respeito da realidade social e, principalmente, produto de questões que, para ele e àquela época, permaneciam a ser discutidas no âmbito da teoria organizacional, especialmente a necessidade de relacionar abordagens de variância (estruturas sociais como variáveis) e abordagens processuais.

Tanto em teoria social quanto na teoria organizacional mais recente, busca-se conjugar esses entendimentos, compondo-se uma terceira possibilidade analítica que parece crescentemente importante para a teoria institucional. Nela, o fenômeno institucional tende a ser pensado da perspectiva de uma lógica dupla, isto é, como ocorrendo simultânea e necessariamente nos níveis macro e microssociais. Nas primeiras tentativas de superação do dualismo entre macro e microníveis de análise, as relações ainda eram tomadas de modo relativamente compartimentalizado, por exemplo, buscando-se abranger, com análises institucionais, as relações entre aspectos formais da organização institucional e seus desencadeamentos no âmbito das relações convencionais ou, em sentido inverso, buscando-se compreender como por vezes processos de natureza convencional em sua origem podem divergir, convergir ou se opor às estruturas formais (forma analítica sugerida por Scott, 1994). Meyer *et al.* (1994, p. 10), por exemplo, assim definem seu entendimento de instituição e institucionalização:

> Nós vemos instituições como regras culturais que dão significado e valor coletivos a entidades e atividades particulares, integrando-as em grandes esquemas, [...]. Institucionalização, neste sentido, é o processo pelo qual um dado conjunto de unidades e um padrão de atividades vêm a ser normativamente e cognitivamente sustentados, e praticamente admitidos [*taken for granted*] como legítimos (à maneira de uma lei formal, costume ou conhecimento).

Mesmo assim, pode-se admitir que esses autores capturam a tônica principal que expressa o modo como a questão institucional se desenvolve na teoria organizacional, isto é, a concepção mais ou menos generalizada de que ela se refere ao âmbito da cultura, mesmo quando se trata de enfocar regras formais ou processos de natureza supostamente objetiva, como é o caso de princípios científicos ou técnicos. Como Meyer *et al.* (1994) apontam, trata-se de postura analítica que parte da análise da realidade social para rever a concepção dominante de ambiente organizacional objetivo.

Tal movimento analítico, no que concerne ao problema institucional, constitui desenvolvimento peculiar da teoria das organizações, caracterizando assim uma perspectiva especificamente organizacional para a questão institucional, postura que vai admitir o contexto ambiental institucional como composto por conjunto de entendimentos e expectativas compartilhadas e, assim, racionalizadas no âmbito da sociedade, mais que conjunto objetivo de forças ou agentes sociais (Tolbert, 1985; Scott e Meyer, 1994).

Essa visão específica do ambiente organizacional implica também uma visão peculiar da noção de agência social – seja em relação a indivíduos, organizações ou amplos sistemas. Ao contrário da noção estritamente racionalista de ação, na perspectiva institucional, ela é compreendida como "a representação [*enactment*] de amplos scripts institucionais mais do que uma questão de escolha, motivação e propósito interna e autonomamente gerado" (Scott e Meyer, 1994, p. 10). Isso significa que, em termos recursivos, agentes somente são assim identificados quando possuem, como referência, estruturas sociais (padrões institucionalizados) que lhes servem como base para a ação; significa também que, nessa ação, tais agentes reproduzem aquelas estruturas. Padrões institucionalizados pressupõem agentes, tanto quanto agentes pressupõem padrões institucionalizados.

Esse aspecto da teoria institucional em organizações dá origem a várias vertentes de análise, quando se busca compreender a imersão social do pensamento ou cognição e, ao mesmo tempo, a intermediação desses aspectos cognitivos individuais sobre a definição e a interpretação do contexto institucional. Há que se chamar a atenção também para o fato de que a suposição de que processos de institucionalização impliquem anulação completa da capacidade de autonomia de agentes individuais e organizacionais não parece ser plausível na perspectiva desses autores, tanto quanto não o é a suposição inversa, de que instituições sejam o produto consciente, no seu todo, de agentes auto-interessados.

Meyer *et al.* (1994, p. 10) assim descrevem a relação entre institucionalização e ação: "É importante notar que, ao admitir uma visão institucionalista, nós não postulamos uma sociedade sem pessoas. É mais uma questão de entender como problemático [...] o fato de que as pessoas invocam e confiam em descrições culturais para definir a si mesmas como indivíduos [...] e às suas ações como uma questão de decisão e escolha individual [...]". A teoria institucional não inverte o pressuposto da teoria da escolha racional. Apesar de que esta é a visão predominante em alguns dos marcos da teoria institucional em organizações, ela não compreende todas as vertentes da teoria institucional e, quanto mais se dá foco a estudos mais recentes, mais essa visão se torna questionável.

Esse último apontamento se evidencia em alguns dos textos que marcaram essa corrente analítica. Nesse sentido, parece possível apontar três momentos de desenvolvimento da teoria institucional em organizações, todos norteados pelo aspecto central de que as escolhas individuais e coletivas têm relação com arranjos institucionais predominantes (são possibilitadas, delineadas, mediadas ou canalizadas) no contexto social circundante (DiMaggio e Powell, 1991) e, portanto, não podem ser analisadas apenas da perspectiva da escolha racional. Além de aspectos comuns, cada um desses momentos acrescenta aspectos importantes que vão definir algumas vertentes de exploração do fenômeno organizacional e da relação entre ambiente institucional e organizações.

Caracterizá-los é buscar compreender as possibilidades e as limitações da teoria institucional no campo organizacional e, principalmente, delinear questões que até mesmo demandam exploração e pontos ainda não fundamentados de modo suficientemente convincente, tanto em termos teóricos quanto empíricos.

Os dois primeiros momentos da teoria institucional em organizações vêm sendo bastante explorados na literatura organizacional, sob as denominações de velho e novo institucionalismo (DiMaggio e Powell, 1991; Greenwood e Hinings, 1996; Selznick, 1996).

Os estudos de Philip Selznick (a respeito do qual já me detive, em uma parte anterior desta monografia) são freqüentemente reconhecidos como um dos primeiros esforços explícitos para a formalização de uma análise organizacional a partir das idéias institucionalistas. O destaque que ele dá à interação entre as organizações e seu contexto social mais amplo é analisado por autores institucionalistas mais recentes pelo seu aspecto político. Com isso, o chamado velho institucionalismo é vinculado, por autores como DiMaggio e Powell (1991), às perspectivas teóricas política e do conflito, como se incorporassem noção de ação como expressão de estratégias conscientes de lideranças organizacionais para construir a própria legitimidade em face de valores predominantes no ambiente organizacional circundante.

Assim, para DiMaggio e Powell (1991), o institucionalismo de Selznick caracteriza-se basicamente por expressar noção política das relações entre organização e ambiente. Eles indicam como central naquela perspectiva o conflito de interesses dentro e entre organizações, a forma cooptativa do relacionamento entre organização e demais instituições, enfim, uma clara sugestão de intencionalidade subjacente àquelas relações que se constituiriam, portanto, em jogo de poder marcado por influência, coalizões e valores e interesses em competição (como também a descrevem Greenwood e Hinings, 1996).

DiMaggio e Powell (1991) também contrapõem àquela sua interpretação do velho institucionalismo um conjunto que, para eles, contém novas perspectivas de entendimento do fenômeno da institucionalização organizacional e que vai ser caracterizado principalmente pelo foco em processos de natureza cognitiva e simbólica da organização. Nessa linha analítica interesses se tornam periféricos para o entendimento das relações organização-ambiente, cedendo lugar à busca por legitimidade (não mais política, mas predominantemente cognitiva) em face do contexto de atuação setorial e mesmo societal, não mais apenas local. O papel predominante de teorias cognitivas nesse novo institucionalismo mostra-se particularmente na idéia de institucionalização como crescente rotinização ou até "habitualização" como caráter central das estruturas, padrões, programas ou processos institucionalizados (DiMaggio e Powell, 1991; Berger e Luckman, 1997; Tolbert e Zucker, 1998).

Dois dos esforços mais detalhados para caracterizar e contrapor velho e novo institucionalismo são representados pelos textos de DiMaggio e Powell (1991) e Greenwood e Hinings (1996). Já alguns dos principais marcos da nova teoria institucional em organizações podem ser identificados nos estudos de Meyer e Rowan (1991), Zucker (1987, 1991) e DiMaggio e Powell (1983).

Para Meyer e Rowan (1991), as organizações crescentemente se caracterizam por refletirem padrões institucionais de seu contexto de atuação, mais do que as demandas técnicas relacionadas às suas atividades operacionais. Dessa forma, esses autores discutem a natureza institucional das estruturas, dos processos e programas organizacionais, aparentemente aspectos técnicos, mas que podem ser mais bem descritos como projeções dos mitos predominantes no ambiente organizacional. Institucionalização é, para eles, "o processo pelo qual processos, obrigações ou realidades sociais adquirem *status* de regra no pensamento e ação social" (Meyer e Rowan, 1991, p. 42). Corresponde, portanto, a uma lógica de racionalização social, no sentido que a institucionalização é processo gradual de justificação de determinadas práticas ou opções que se tornam, assim, legítimas e igualmente legitimadoras dos grupos que as incorporam, mesmo a despeito de critérios de eficiência e utilidade técnica.

Essa constatação é importante para a compreensão da natureza simbólica das estruturas e práticas organizacionais institucionalizadas, que são assim compreendidas como mitos racionais, uma vez que são adotadas principalmente por intermédio de mecanismos de difusão e de conformação de natureza cognitiva e também cultural (Meyer e Rowan, 1991), mesmo que na sua face aparente eles se apresentem (isto é, sejam descritos) como aspectos puramente técnicos das organizações. Podem, por essa mesma razão, ser adotados, cerimonialmente, como estratégia para obtenção de legitimidade em face do ambiente mais do que para a solução de problemas de ordem técnica ou operacional.

Nesse mesmo sentido, estruturas e práticas institucionalizadas podem provocar a ocorrência do fenômeno do *decoupling*, circunstância em que ocorre desalinhamento ou desconexão entre estruturas formais e as atividades desenvolvidas na organização (Meyer e Rowan, 1991; Orton e Weick, 1990). Tal fenômeno seria decorrente de pressões contraditórias entre a busca por legitimidade institucional e por eficiência operacional: às vezes, ao atender a critérios institucionais e técnicos, a organização mantém padrões operacionais necessários para a eficiência, controle e coordenação das atividades, mas concomitantemente mantém elementos da estrutura formal desacoplados ou desconectados uns dos outros e principalmente desconectados daquelas atividades, no intuito de não perder legitimidade em face do seu ambiente social. Assim, percebe-se que o *decoupling*

> possibilita às organizações manterem estruturas formais padronizadas e legitimadoras, enquanto suas atividades variam em resposta a considerações práticas. As organizações em uma indústria tendem a

> ser similares em sua estrutura formal – refletindo sua origem institucional comum – mas podem mostrar muita diversidade nas práticas reais. (Meyer e Rowan, 1991, p. 58)

Um dos pontos de relevância dessa linha teórica está em analisar a institucionalização como processo que afeta pensamento e ação de atores sociais sem, contudo, negar algum espaço para autonomia. Ou seja, ela não iguala institucionalização com perda de autonomia.

Já em Zucker (1991), esse espaço parece não existir, ou é muito pequeno. Pode-se dizer que Meyer e Rowan (1991) e Zucker (1991) constituem marcos em duas perspectivas institucionais cujas origens sociológicas se encontram nas distintas visões da relação entre sociedade e indivíduos defendidas por Max Weber e Émile Durkheim, respectivamente. Uma supõe que a cristalização de padrões sociais (instituições) resulta na transferência direta de significados, das estruturas sociais para os agentes (a versão durkheimiana); a outra nega essa transferência direta, uma vez que supõe que processos de interpretação da realidade a intermedeiam e são, portanto, o foco da análise para a compreensão da ação e das instituições (a versão weberiana).

Desse modo, Zucker (1991) inicia sua discussão com a distinção entre institucionalização e permanência de aspectos sociais. De fato, a noção central subjacente ao estudo daquela autora está na demonstração de que estes – institucionalização e permanência de padrões culturais – são dois fenômenos sociais distintos, ainda que fortemente relacionados. A perspectiva institucionalista de Zucker (1991), portanto, fundamenta-se em aspecto cognitivo do processo de institucionalização, isto é, no pressuposto de que "... conhecimento social uma vez institucionalizado existe como um fato, como parte da realidade objetiva, e pode ser transmitido diretamente sobre essa base" (Zucker, 1991, p. 83).

Utilizando estratégia etnometodológica de abordagem, aquela autora propõe analisar a institucionalização tanto como processo quanto como propriedade variável, uma vez que se refere à transformação e a diferentes estágios em que a realidade socialmente construída é experimentada, percebida e transmitida como exterior e objetiva. Seu problema central é assim descrito: "Dado que os entendimentos são socialmente construídos, o problema é explicar por que alguns são tão permanentes e universais enquanto outros são únicos em relação a uma pessoa, lugar ou tempo" (Zucker, 1991, p. 101). Assim e em oposição a algumas das proposições de Meyer e Rowan (1991), propõe-se a relação positiva entre diferentes graus de institucionalização e a transmissão, manutenção e resistência à mudança de aspectos culturais: quanto maior o grau de institucionalização de determinado elemento cultural, mais ele tenderá a ser transmitido e mantido como um fato, e menor será a margem para variações provenientes de características individuais dos agentes sociais. Como se pode perceber, essa proposição está baseada no foco analítico microssociológicos adotado pela autora, conflitando com proposições de outras perspectivas institucionalistas, quando o fenômeno das instituições é entendido de outras formas que não somente como sistema cognitivo (em geral, Meyer e Rowan, 1991; Scott, 1995, 2001).

De qualquer modo, essa perspectiva predominantemente cognitivista é importante e constitui uma das principais influências nos estudos de linha institucional em teoria das organizações. Nela, o propósito principal é analisar a permanência de estruturas sociais ao longo do tempo e também os processos de isomorfismo social (questão central em toda a teoria institucional em organizações, e não somente nessa perspectiva), em especial por meio de processos miméticos.

Com relação aos processos de isomorfismo institucional, outra fonte importante é o estudo de DiMaggio e Powell (1983). Seguindo a distinção entre aspectos técnicos ou operacionais e aspectos institucionais do ambiente, isto é, a noção de que as organizações não lidam apenas com demandas técnicas em seu contexto ambiental – demanda por recursos ou por clientes, por exemplo –, mas também com pressões de natureza política, cultural ou cognitiva, aqueles autores desenvolvem tipologia dos mecanismos pelos quais as estruturas, os processos e as práticas organizacionais se tornam crescentemente semelhantes dentro de um campo organizacional. A relevância desse entendimento da mudança organizacional é que ele sistematizou noções relativamente esparsas até então e que se contrapunham, em certa medida, à visão economicamente centrada das organizações cujo enfoque recaía sobre mecanismos competitivos de isomorfismo, com base em critérios de racionalização técnica e econômica e na competição dos mercados como força de mudança e de conformação organizacional (Williamson, 1975).

Assumindo a distinção entre isomorfismo competitivo e institucional, DiMaggio e Powell (1983) propõem três grandes mecanismos de isomorfismo institucional: o coercitivo, o normativo e o mimético. Isomorfismo do tipo coercitivo relaciona-se com a influência política por meio de autoridade, força ou persuasão por parte das instituições sociais (principalmente o Estado) e outras organizações. Especificamente, "o isomorfismo coercitivo resulta de pressões formais e informais exercidas sobre organizações por outras organizações das quais elas são dependentes e por expectativas culturais na sociedade dentro da qual as organizações funcionam" (DiMaggio e Powell, 1983, p. 67).

Isomorfismo mimético refere-se à imitação de modelos percebidos como eficientes de alguma forma e para algum propósito. O mimetismo é o resultado do esforço de busca (*scanning*, conforme Daft e Weick, 1984) por modelos que possam ser adotados, em face de contextos de incertezas. Os processos miméticos são provenientes tanto de difusão não intencional quanto de esforços intencionais e até declarados, como a difusão de modelos gerenciais promovidos por consultorias, por exemplo (DiMaggio e Powell, 1983).

Isomorfismo normativo é relacionado por DiMaggio e Powell (1983, p. 70) com profissionalização, por eles definida como "esforço coletivo de membros de uma ocupação para definir as condições e métodos de seu trabalho". Na medida em que essas condições e métodos se tornam comuns a uma ocupação e na medida em que profissionais socializados em conformidade com eles desenvolvem suas atividades em organizações, tais profissionais passam a exercer pressão e se tornam fontes de conformação estrutural e processual naquelas organizações que, por sua vez, tenderão a se tornar mais semelhantes.

Em termos gerais, pode-se sugerir que o novo institucionalismo em organizações se caracteriza por alguns aspetos centrais, mais ou menos recorrentes e evidentes nos três exemplos principais anteriormente resumidos, bem como em outros exemplos possíveis. Caracteriza-se principalmente pelo fundamento cognitivo para entendimento do fenômeno das instituições, sendo cognição explícita ou implicitamente assumida como processo que opera abaixo do nível da consciência, uma "razão prática rotineira e convencional governada por 'regras' que são reconhecidas somente quando são quebradas" (DiMaggio e Powell, 1983, p. 20). Esse aspecto é bastante evidente em Zucker (1991) e também na noção de isomorfismo mimético, além de outros exemplos que assumem institucionalização como reprodução inconsciente, apenas habitual (quando hábito é definido como perda do significado) de padrões sociais. Mais recentemente, a dimensão cognitiva das instituições parece ser entendida como aspecto relevante, mas não único, do fenômeno institucional (como a dimensão normativa, enfatizada também em outros momentos da teoria sociológica das instituições), como de fato aparece implícita ou explicitamente em outras perspectivas do novo institucionalismo conforme propostas por Meyer e Rowan (1991), por DiMaggio e Powell (1991), Meyer *et al.* (1994) e por Scott e colegas (1995, 2000, 2001).

Outro aspecto a ser mencionado refere-se à ênfase dada à persistência de aspectos sociais, à igualdade das estruturas, dos processos e práticas, mais do que aos exemplos de variações e diversidade, fato que mais recentemente vem sendo criticado, dando margem a estudos com foco exatamente na diferença como produto de processos sociais de natureza cognitiva, política, econômica e também institucional (Oliver, 1991; Meyerson, 1994; Roberts e Greenwood, 1997; D'Aunno *et al.*, 2000; Lounsbury, 2001).

A maioria desses estudos mais recentes também procura superar outro aspecto considerado problemático nos primeiros estudos do novo institucionalismo, que é uma concepção de certo modo purista da perspectiva institucional, sem conexão com outras possibilidades analíticas, como se houvesse uma necessária e natural (e não apenas metodológica) oposição entre explicações de natureza técnica e de natureza institucional. De fato, como parecem sugerir DiMaggio e Powell (1991), explicações de cunho técnico ou econômico para as organizações devem ser suplementadas (e não contrapostas) por uma visão institucionalista. Estudos mais recentes que utilizam a perspectiva institucional buscam conjugá-la com alternativas analíticas para abordar os fenômenos organizacionais, marcando certa distinção em relação a algumas noções predominantes nos primeiros estudos. Parece possível distinguir-se, com base nesse conjunto mais recente de estudos (e nos vários aspectos até aqui antecipados, em outros momentos desta discussão), um terceiro momento da teoria institucional em organizações, com particularidades importantes, mas também dando continuidade a importantes aspectos temáticos, teóricos e metodológicos dos momentos anteriores.

3º

Antes de prosseguir, entretanto, é necessário rememorar alguns marcos analíticos que utilizei até aqui. A título de resumo conclusivo desta parte do texto, penso ser necessário reforçar a noção que me balizou na condução da distinção entre abordagens racionalistas e naturalistas das teorias de organizações, no que se refere à questão do ambiente organizacional. Elaborei tal fundamento basilar a partir da distinção entre dois princípios: escolha e seleção (esse fundamento, portanto, não é de modo algum inédito na literatura organizacional). Admiti, portanto, que as teorias de tendência (nunca absolutas) racionalista são aquelas em que o critério de escolha é forte caracterizador da origem das ações humanas. Em outros termos, nessas teorias, os caminhos tomados pelas organizações, em resposta a pressões ambientais, são, em última análise, entendidos como conformados pelas escolhas de seus tomadores de decisão, e estes escolhem baseados na capacidade de pensamento (processo e conteúdo) racional que lhes é inerente. Desse modo, as mudanças organizacionais em resposta ao meio são quase sempre adaptativas e podem ser reduzidas (em termos causais) aos processos microdecisórios de tomadores de decisão em posição estratégica nas organizações.

De outro modo, as teorias de tendência naturalista são aquelas nas quais o papel do tomador de decisão é, no máximo, secundário. Em algumas delas esse papel é praticamente anulado, em especial quando se toma um período suficientemente longo para análise da relação entre organizações e ambiente. Em outras, sua importância está em que a decisão é o fator de geração de alternativas, porém, o que a organização de fato é ou virá a ser depende, em primeiro plano, não dessas alternativas e sim das características do meio, que selecionará as alternativas mais adequadas e promoverá evolução do sistema organizacional.

No caso da teoria institucional, contudo, essa participação da agência estratégica é mais realçada, como espero ter demonstrado. Sua tendência naturalista sustenta-se no fato de que a própria capacidade de agência (no que se refere ao processo e ao conteúdo de decisão) é entendida como produzida socialmente, e não como inerente ao tomador de decisão. Em minha opinião, isso remete o resultado final – isto é, a organização – a uma explicação mais próxima às características do próprio ambiente que a processos de decisão racional, sem que isso signifique que esta ou outras teorias naturalistas possam, de algum modo, ser definidas como anti-racionalistas ou mesmo, no caso da teoria institucional, como teoria fatalista. Por outro lado, reconheço que a teoria institucional em organizações e em outros campos como a ciência política caminhou nos últimos anos, e sob a crescente influência de teorias sociológicas socioconstrutivistas, para um ponto mais idealista[2] de concepção das noções de ambiente e organizações. Isso já se fazia sentir desde os trabalhos da década de 1970, por exemplo, com os princípios microssociológicos adotados por Zucker, mas adquire maior relevância recentemente. A força desse reposicionamento se faz sentir até mesmo em outras teorias como a VBR, que, em sua interface com princípios cognitivistas e institucionalistas, passa a alargar o conceito de recursos e a incorporar certa imaterialidade, tanto quanto uma melhor definição do papel dos processos sociais no surgimento e constituição do valor dos recursos.

Como a discussão da teoria institucional não é o propósito deste livro, a apresentar resumidamente as fontes dessa tendência idealista em certas correntes da teoria das organizações contemporânea e, depois, finalizarei com a apresentação da terceira corrente de teoria institucional que apontei anteriormente, visando dar destaque na relação entre organizações e ambiente, meu propósito central aqui.

---

[2] Todas essas teorias aqui apresentadas, isto é, dos dois conjuntos tratados antes, são marcadamente realistas em sua concepção de mundo. O que quero dizer aqui é que elas admitem que há independência entre o que pensamos ou conhecemos sobre ambientes organizacionais e o que esses ambientes de fato são. Já algumas idéias que vão se tornando fortes dentro da teoria institucional em organizações parecem assumir que não há essa independência, principalmente quando se passa a entender o ambiente institucional como produto de construção social, porque o que podemos conhecer, em termos de análise institucional, é limitado ao produto dessa construção social, sendo o que transcende a essa construção inacessível ao pesquisador social.

4º

Em um livro publicado em primeira edição em 1969 e em segunda edição dez anos depois, Karl Weick pretendeu chamar a atenção dos pesquisadores em teoria das organizações para a natureza processual dos fenômenos organizacionais. Sua proposta era de que, além do entendimento das organizações enquanto fatos sociais concretos, exteriores à consciência e prática humanas e, portanto, ontologicamente não problemáticos, elas deveriam ser redefinidas como produto do esforço por ordenamento e configuração do mundo, feito por pessoas em interação. Nesse mesmo sentido, ele afirmava que ambiente organizacional, mais do que um conjunto de elementos exteriores à organização e concretos, deveria ser entendido desse modo construtivista: mais do que responder a condições ambientais, é possível entender que as organizações criam (o termo original usado pelo autor sugere o sentido de ordenamento ou mesmo o ato de decretar) o ambiente ao qual respondem. Nesse sentido, usando palavras de um texto mais recente, o ambiente deixava de ser entendido como algo "lá fora, além da organização, que qualquer um na organização pode prontamente localizar e identificar. [Mais do que isso, ambiente é conjunto de informações, e] informação ambiental é informação a ser processada" (Hall, 1999, p. 217).

As organizações, portanto, percebem seletivamente aspectos do ambiente, interpretam esses aspectos percebidos e decidem com base nisso, criando, de alguma maneira, os ambientes aos quais vão se adaptar, de modo que, ao contrário das abordagens naturalistas mais estritas, para Weick, os atores sociais e organizacionais não são tão reativos em suas respostas às contingências ambientais. Dessa forma, chegamos a uma parte crucial das idéias daquele autor, em seu primeiro livro: "mais do que falar sobre adaptação a um ambiente externo, pode ser mais correto argumentar que o processo de organização consista de adaptação a um ambiente decretado, um ambiente que é constituído pelas ações de atores humanos interdependentes (Weick, 1969, p. 27). Tem-se, com isso, uma inversão da relação organização-ambiente, na qual os repertórios pessoais e organizacionais de respostas (definidos por percepção e interpretação) podem definir a adaptação ao ambiente. Essas idéias foram importantes para a conformação de teorias como a da dependência de recursos e, mais recentemente, para a teoria institucional em organizações, mas continuam relativamente desconhecidas para o público mais geral da área de administração, talvez pela superficialidade do ensino na área e por seu apelo falsamente aplicativo.

Outra recente fonte de influência sobre a discussão da relação entre organizações e ambiente organizacional vem da sociologia estruturacionista, proposta por Anthony Giddens e que conta, nesse momento, com grande quantidade de seguidores tanto na sociologia quanto, crescentemente, nas fileiras da teoria das organizações. Giddens (2003) declara que a primeira preocupação do estruturacionismo é com a reprodução e transformação social, ou seja, com a explicação das regularidades em práticas sociais, tanto quanto com os processos pelos quais estruturas sociais são alteradas. Estruturação refere-se, de acordo com Cohen (1999, p. 430) à "...reprodução de relações sociais através do tempo e do espaço", por meio da dualidade da estrutura, isto é, sua condição de meio e resultado da reprodução de práticas sociais.

O estruturacionismo, portanto, remete a teoria social (pelo menos indiretamente) à rediscussão da noção de ambiente – condensada no conceito de estruturas sociais – levando-o mais próximo ao idealismo, sem sucumbir ao anti-realismo. Tal rediscussão, ponto focal na reconciliação entre ação e estruturas que o estruturacionismo promove, significou destacar o caráter socialmente construído das estruturas – e do ambiente, diríamos – por meio das práticas cotidianas de indivíduos com capacidade de agência: estruturas, para Giddens (2003), são regras e recursos virtuais, que não somente afetam como são também afetados pelas práticas cotidianas dos atores sociais por meio dos seus esquemas interpretativos, isto é, os modos de tipificação que interferem, inescapavelmente, nos processos de comunicação e conseqüentemente de significação daqueles traços estruturais.

Com isso, a análise das práticas sociais, para o estruturacionismo, não se preocupa com o que o contexto estrutural (o ambiente) é *per se*, mas sim com o que ele é para os atores sociais que, no cotidiano de suas práticas sociais, nos trazem enquanto referências e, conjuntamente com hábitos, avaliações e projeções, constituem sua vida cotidiana. Nisso o estruturacionismo se aproxima de outra matriz sociológica que vai se tornando importante atualmente, constituída a partir da teoria dos sistemas sociais nos moldes da proposta de Niklas Luhmann, e que defende que a relação entre sistemas e ambientes é mais bem entendida quando pensada enquanto processo de constituição e reconstituição de fronteiras: para Luhmann (1995), não apenas os sistemas sociais (organizações, dentre eles) sofrem impacto de forças ambientais, como também esses próprios ambientes são constituídos a partir das respostas dadas pelos sistemas neles imersos, em um processo de dupla contingência.

Não caberia aqui expandir a discussão sobre essas matrizes. Destaco, contudo, que se deve ter bastante cuidado ao tentar defini-las filosoficamente no que se refere ao seu posicionamento onto-epistemológico. Usando terminologia de Norris (2005) parece-me que elas não podem, de modo algum, ser definidas como adeptas de um "realismo metafísico" objetivista, mas também não podem ser definidas, estritamente, como idealistas, mesmo considerando-se seu forte "sabor" construtivista. Elas estão talvez mais próximas a certo ceticismo que marca a ciência moderna, na sua posição agnóstica quanto àquilo que pode estar além do que nos é imediatamente acessível. Apenas que elas se deslocam para um plano analítico intersubjetivo, admitindo que essa realidade imediata seja aquela produzida pelos sentidos, percepções e interpretações humanas, não uma realidade no sentido "fichteano" de uma construção cognitiva do mundo, mas sim no sentido de uma "realidade-na-medida-que-podemos-conhecê-la" (Norris, 2005).

De qualquer modo, essas bases principais passaram a definir uma virada interpretativista na teoria institucional, que afetou principalmente a noção de ambiente e as suposições em torno da relação entre atores sociais e seu contexto. A partir delas, a teoria institucional em organizações (e em outras áreas) passou a questionar a suposição fatalista de determinação do ambiente sobre as organizações, presente em alguns dos textos representativos da teoria nas décadas de 1970 e 1980, resgatando elementos teóricos como escolha, agência, racionalidade (atendendo ao apelo de DiMaggio, 1988), para explicar a decisão sob uma ordem institucional. Essa nova teoria institucional continua admitindo que a ação ou as práticas sociais sejam sujeitas a limites de variada ordem, dentre os quais aqueles condicionados pelo ambiente institucional. Entretanto, ela não se esgota nessa afirmação, mas vai além afirmando de que tais limites não apenas restringem, como são também constitutivos das decisões e ações, visto que restringem as opções de escolha, mas também geram estímulos e abrem vias que não existiriam ou não seriam viáveis, ou percebidas pelos atores sociais, de outra forma (Thornton *et al.*, 2005; Weber e Glynn, 2006).

De acordo com essas premissas institucionais, não decidimos sem concurso de referências sociais, sem condicionamento de normas, valores e visões de mundo socialmente predominantes. Assim, a noção contingencial presente em alguns textos do neo-institucionalismo em organizações – na sua suposição de determinação ambiental – é enriquecida para incorporar maior dinamicidade: a nova teoria institucional admite que o ambiente institucional é condicionante das organizações tanto quanto estas o condicionam, na medida em que as pessoas dentro delas interpretam o ambiente e respondem a ele, reconfigurando-o em maior ou menor grau, dependendo certamente do poder que possuem para tal.

Nesse sentido essa nova teoria institucional vem demonstrando que mesmo respostas a contextos ambientais altamente institucionalizados não apenas admitem como pressupõem capacidade de agência (Oliver, 1991; Hall e Taylor, 2003). Em decorrência, o conceito de estratégia organizacional é incorporado nas discussões sobre a relação entre organizações e ambiente, porque é nele que os teóricos institucionais encontram o mecanismo operacional para observar empiricamente a relação circular entre as práticas organizacionais e pessoais e as condições ambientais: superada a contradição entre agência estratégica e instituições, ambas as noções passam a ser crescentemente admitidas como complementares (como em Hinings e Greenwood, 1988, ou em Machado-da-Silva *et al.*, 1999). A circularidade entre escolha estratégica e estruturas institucionais decorre do processo de interpretação que necessariamente se interpõe entre as pressões ambientais e as respostas estratégicas elaboradas no âmbito das organizações. Assim, "enquanto ambientes apresentam situações e desafios reais aos gerentes dentro de uma organização, essas situações e desafios têm de ser interpretados e passarem por processo de significação" (Hinings e Greenwood, 1988, p. 43).

Dessa forma, tem-se outra visão a respeito do impacto de padrões institucionais, não como força determinista e direta sobre as escolhas organizacionais. Eles atuam apenas mediante a capacidade organizacional de processar aquelas forças e interpretá-las. Por outro lado, a própria teoria institucional admite, em geral, que significados predominantes em uma organização têm origem no próprio contexto social. A relação entre organizações e ambientes é, na nova teoria institucional, reconhecida como tendo natureza recursiva, visto que o mesmo ambiente composto por regras que afetam a organização é constituído pelos atores organizacionais, em interação (Machado-da-Silva e Fonseca, 1999). Esses mesmos autores resgatam a noção de estratégia dentro do escopo teórico institucional ao sugerirem que a capacidade de atender as orientações institucionais resulta em maior legitimidade, o que, em decorrência, "... contribui para o êxito das estratégias implementadas e, por conseguinte, para o [seu] pleno funcionamento interno" (p. 31). Assim, o sucesso da estratégia não depende apenas de qualidade técnica, senão também de sua legitimidade e a própria qualidade técnica depende do atendimento de critérios de legitimidade.

Por fim, é notável que, mesmo após décadas de desenvolvimento do conceito ambiente na teoria das organizações, ele se encontre, nesse momento, no centro das principais correntes teóricas do campo. Isso sinaliza o vigor da metáfora ambiental e da própria teoria sistêmica de onde ele nos veio. De qualquer modo, o estado teórico atual do campo dos estudos organizacionais é, mais que nunca, marcado pela multiplicidade (às vezes, confusa, temos de confessar) que, se de um lado enriquece discussões, do outro, amplia de tal modo o conjunto de referências paradigmáticas que passamos a correr o risco de torná-lo um projeto inviável. A nova teoria institucional parece evidenciar isso e, por essa razão – dentre outras –, é uma das principais referências teóricas para a análise organizacional hoje em dia, tanto quanto fonte de algumas controvérsias importantes.

Considerações Finais

Ambiente de organizações não é por si um tema de pesquisa. Por outro lado, ele perpassa várias das áreas de pesquisa em administração, além de outras áreas das ciências sociais, e é praticamente inescapável na discussão de outros temas fundamentais em organizações, como tecnologia, mudança, estrutura e estratégia. Essa relevância atesta a elevada contribuição que a teoria dos sistemas trouxe a toda a área da teoria das organizações e sua enorme influência, ainda hoje, em boa parte de nossas pesquisas.

De certo que nem toda a pesquisa organizacional é ou deve ser sistêmica, mas também não se deve desconsiderar o fato de sua relevância, caso queira fidelidade à história da área. Acredito ainda que esta seja uma das funções de um texto da natureza deste que ora encerro, qual seja, a de reconstruir tentativamente certos marcos que viabilizem maior coerência temática e conceitual para a área de estudo, além de indicar vias de superação dos próprios caminhos já construídos a partir daqueles marcos.

Em tempos em que vários membros da comunidade de ensino e pesquisa em teoria das organizações se propõem ao desafio de levar adiante outras fontes de idéias, que não aquelas já consolidadas (ou em vias de) no campo, rever alguns dos princípios iniciais do campo teórico parece-me ser imprescindível. A propósito, retorno à idéia de ambiente enquanto metáfora para expressar o conjunto de fenômenos pertinentes à relação entre organizações e seu contexto. Definir como metafórica essa expressão no campo não é, de modo algum, diminuir sua importância, mas sim implica dizer que se ela não tem correlação de fato com a realidade concreta das organizações, é pelo menos um mecanismo lógico-conceitual cujo uso reflete muito da forma de pensar predominante na área, tanto quanto condiciona essa própria forma de pensar as organizações, o seu estudo, a sua existência e a miríade de processos circunscritos por ela ou relativos a ela.

Essa idéia final, contudo, assim como todas as demais contidas neste texto (incluo aqui, especialmente, as várias categorizações de tendências teóricas e teorias que utilizei), é amplamente passível de contestação. Alerto, por fim, aos leitores que meu propósito, ao utilizar tais idéias e modo de diferenciação, foi principalmente propor uma sistematização que tanto facilitasse o entendimento da mensagem principal do texto quanto estimulasse o debate, e não afirmar que "essas coisas que aqui estão, assim o são".

Literatura Comentada

Qualquer estudante ou pesquisador da noção de ambiente em organizações tiraria grande proveito da consulta aos vários textos que utilizei como base para a composição desta monografia. Comentar os que, a meu ver, são imprescindíveis seria impossível. Optei então pela seleção dos cinco livros citados a seguir cuja leitura, considero, é suficiente para permitir uma visão já razoavelmente aprofundada do conceito "ambiente" na teoria das organizações contemporânea.

PFEFFER, J.; SALANCIK, G. [1978]. *The external control of organizations*: A resource dependence perspective. Stanford: Stanford University Press, 2003.

Um livro para "todos os gostos" (ou quase todos) em teoria das organizações. Seja qual for a vinculação teórica do leitor, muito provavelmente ele encontrará nas idéias de Pfeffer e Salancik, expressas de forma mais sistemática e extensa neste livro, alguns pontos de diálogo. Considero este livro um marco (nem sempre reconhecido) para várias correntes teóricas, dentre as quais a teoria institucional em organizações, a visão baseada em recursos e, obviamente, a teoria da dependência de recursos. O foco dos autores está principalmente na relação entre organizações e seus ambientes sociais; porém – ao contrário do que o título possa sugerir a um observador apressado –, o livro explora várias estratégias pelas quais as organizações interferem em seus contextos ambientais, de modo a reduzir sua dependência com o ambiente. Livro que precisa ser recuperado em nossas salas de aula de teoria das organizações e de estratégia!

ALDRICH, H. *Organizations evolving*. Londres: Sage, 1999.

O livro apresenta e desenvolve uma abordagem evolucionária para entendimento de processos organizacionais, em especial a gênese, mudança e transformação de organizações e setores organizacionais. Além da comparação de sua proposta com outras teorias organizacionais, o autor aprofunda a proposta do modelo evolucionário de análise organizacional, em torno de seus três pontos básicos: os processos de variação, seleção e retenção. O autor retorna a algumas idéias já tratadas em obras anteriores, mas o livro contém igualmente boa quantidade de novas idéias e novas versões para temas já clássicos. Não se trata de uma leitura introdutória aos estudos organizacionais, pela riqueza de pensamentos com que lida e pelo nível do discurso, sendo recomendado, portanto, para os interessados que já tenham leituras prévias. Por outro lado, é leitura inescapável para aqueles que querem entender aspectos do panorama teórico recente das teorias organizacionais.

SCOTT, W. R. *Institutions and organizations*. 2. ed. Thousand Oaks: Sage, 2001.

Este livro de Richard Scott é de fundamental importância para entendimento da corrente institucionalista em teoria das organizações. O autor explora e aprofunda várias das idéias desenvolvidas nas últimas duas décadas e meia de teoria institucional no campo organizacional, além de resgatar idéias de teóricos institucionalistas de outras épocas, e de outros campos. Por essa razão, principalmente, o livro vem sendo referência de primeira importância em cursos de teoria das organizações e análise institucional, tanto quanto para a pesquisa e publicação na área. Sabemos que a discussão sobre ambiente organizacional não pode ser feita, hoje e no contexto da administração, sem referência às idéias institucionais, o que torna o livro leitura altamente recomendável a todos interessados na questão, institucionalistas ou não.

BULGACOV, S. *et al. Administração estratégica*: Teoria e prática. São Paulo: Atlas, 2007.

Este livro aborda de forma panorâmica questões atuais da estratégia em organizações, com foco na produção acadêmica brasileira. No seu capítulo 2, os autores detêm-se sobre a discussão de ambiente no campo da estratégia, oferecendo rica revisão de aspectos da discussão do ambiente de organizações, tanto aqueles presentes em literatura mais convencional quanto na literatura organizacional de natureza mais analítica. É dos poucos textos nacionais, em forma de livro, a fazer menção à idéia de ambiente construído, nos moldes do conceito proposto por Karl Weick.

VIEIRA, M. M. F.; OLIVEIRA, L. M. B. de. (orgs.). *Administração contemporânea*: Perspectivas estratégicas. São Paulo: Atlas, 1999.

A primeira parte do livro, composta por quatro capítulos, discute aspectos específicos e importantes da noção de ambiente organizacional, de diversas óticas teóricas: a institucional, a cultural, a estratégica. Três dos quatro capítulos são de autoria de pesquisadores brasileiros, o que permite vislumbrar como a questão do ambiente de organizações vem sendo discutida no país. No seu conjunto, os capítulos dessa segunda parte vêm servindo de referência a pesquisas e textos publicados no Brasil, desde a edição do livro, em livros e artigos científicos a respeito de grande quantidade de temas, em especial quando tratados da ótica institucional de análise. Do ambiente organizacional imediato (concorrencial, por exemplo) até amplas dimensões, como a cultura nacional, são aspectos norteadores das discussões naqueles quatro capítulos.

Referências Bibliográficas

ALDRICH, H. *Organizations evolving*. Londres: Sage, 1999.

ALDRICH, H.; PFEFFER, J. Environments of organizations. *Annual Review of Sociology*, v. 2, p. 79-105, 1976.

ALEXANDER, J.; GIESEN, B. From reduction to linkage: The long view of the micro-macro link. In: ALEXANDER, J. *et al.* (eds.). *The micro-macro link*. Berkeley: University of California Press, 1987.

AMIT, R.; SCHOEMAKER, P. J. Strategic assets and organizational rent. *Strategic Management Journal*, v. 14, n. 1, p. 33-46, 1993.

BARNARD, C. [1938]. *As funções do executivo*. São Paulo: Atlas, 1971.

BARNEY, J. Firm resources and sustained competitive advantage. *Journal of Management*, v. 17, n. 1, p. 99-120, 1991.

_______. Is the resource-based "view" a useful perspective for strategic management research? Yes. *Academy of Management Review*, v. 26, n. 1, p. 41-56, 2001a.

_______. Resource-based theories of competitive advantage: A ten-year retrospective on the resource-based view. *Journal of Management*, v. 27, p. 643-650, 2001b.

BARNEY, J.; HESTERLY, W. Organizational economics: Understanding the relationship between organizations and economic analysis. In: CLEGG, S. *et al.* (eds.). *Handbook of organization studies*. Londres: Sage, p. 115-147, 1996.

BAUM, J. Organizational ecology. In: CLEGG, S. *et al.* (eds.). *Handbook of organization studies*. Londres: Sage, p. 77-114, 1996.

BERGER, P. *Perspectivas sociológicas*. Petrópolis: Vozes, 2002.

BERGER, P.; LUCKMANN, T. *A construção social da realidade*. 14. ed. Petrópolis: Vozes, 1997.

BLAU, P.; SCOTT, W. R. [1962]. *Organizações formais*. São Paulo: Atlas, 1970.

BOUDON, R. The individualistic tradition in sociology. In: ALEXANDER, J. *et al.* (eds.) *The micro-macro link*. Berkeley: University of California Press, p. 45-70, 1987.

_______. Limitations of rational choice theory. *American Journal of Sociology*, v. 104, n. 3, p. 817-828, 1998.

BOULDING, K. The organizational revolution – a study in the ethics of economic organization. New York: Harper & Brothers, 1953.

BURNS, T.; STALKER, G. [1961]. *The management of innovation*. Oxford: Oxford University Press, 2000.

CHANDLER, A. *Strategy and structure*: Chapters in the history of the American industrial enterprise. Cambridge: MIT Press, 1962.

CHILD, J. Organizational structure, environment and performance – The role of strategic choice. *Sociology*, v. 6, p. 1-22, 1972.

_______. Strategies of control and organizational behavior. *Administrative Science Quarterly*, v. 18, n. 1, p. 1-17, 1973.

CHILD, J.; MANSFIELD, R. Technology, size and organization structure. *Sociology*, v. 6, p. 369-393, 1972.

CLEGG, S.; DUNKERLEY, D. *Organization, class and control*. Londres: Routledge & Kegan Paul, 1980.

COHEN, I. Teoria da estruturação e práxis social. In: GIDDENS, A.; TURNER, J. (orgs.). *Teoria social hoje*. São Paulo: Unesp, p. 393-446, 1999.

CROZIER, M. *The bureaucratic phenomenon*. Chicago: University of Chicago Press, 1964.

D'AUNNO, T. *et al*. The role of institutional and market forces in divergente organizational change. *Administrative Science Quarterly*, v. 45, p. 679-703, 2000.

DAFT, R.; WEICK, K. Toward a model of organizations as interpretive systems. *Academy of Management Review*, v. 9, p. 43-66, 1984.

DIMAGGIO, P. Interest and agency in institutional theory. In: ZUCKER, L. (ed.). *Institutional patterns and organizations*. Cambridge: Ballinger, p. 3-21, 1988.

DIMAGGIO, P.; POWELL, W. The iron cage revisited: Institutional isomorphism and collective rationality in organizational fields. American Sociological Review, v. 48, 1983.

_______. Introduction. In: POWELL, W.; DIMAGGIO, P. (eds.). *The new institutionalism in organizational analysis*. Chicago: University of Chicago Press, p. 1-40, 1991.

DONALDSON, L. *The contingency theory of organizations*. Thousand Oaks: Sage, 2001.

_______. The normal science of structural contingency theory. In: CLEGG, S. *et al*. (eds.). *Handbook of organization studies*. Londres: Sage, p. 57-76, 1996.

EDELMAN, L. Legal environments and organizational governance: The expansion of due process in the American workplace. *The American Journal of Sociology*, v. 95, p. 1.401-1.440, 1990.

EMERSON, R. Power-dependence relations. *American Sociological Review*, v. 27, p. 31-40, 1962.

EMERY, F. E.; TRIST, E. L. Socio-technical systems. In: CHURCHMAN, C.; VERHULST, M. (eds.). *Management science, models and techniques*. Nova York: Pergamon, p. 83-97, 1960.

______. The causal texture of organizational environments. *Human Relations*, v. 18, n. 1, p. 21-32, 1965.

ETZIONI, A. *Modern organizations*. Englewood Cliffs: Prentice-Hall, 1964.

GIDDENS, A. *A constituição da sociedade*. São Paulo: Martins Fontes, 2003.

GINSBERG, A. Minding the competition: from mapping to mastery. *Strategic Management Journal*, v. 15, pp. 153-174, 1994.

GOULDNER, A. Organizational analysis. In: MERTON, R. *et al.* (eds.). *Sociology today*: Problems and prospects. Nova York: Harper & Row, p. 400-428, 1959.

GRANOVETTER, M. Economic action and social structure: The problem of embeddedness. *American Journal of Sociology*, v. 91, n. 3, p. 481-516, 1985.

GRANT, R. The resource-based theory of competitive advantage: Implications for strategy for strategy formulation. *California Management Review*, v. 33, n. 3, p. 114-135, 1991.

GREENWOOD, R.; HININGS, C. R. Understanding radical organizational change: Bringing together the old and the new institutionalism. *Academy of Management Review*, v. 21, p. 1.022-1.054, 1996.

GUERREIRO RAMOS, A. *Administração e contexto brasileiro*. Rio de Janeiro: Editora da FGV, 1983.

GULICK, L.; URWICK, L. (eds.). Papers on the science of administration. New York: Institute of Public Administration, 1937.

HALL, P.; TAYLOR, R. *As três versões do neo-institucionalismo*. Lua Nova, v. 58, p. 193-223, 2003.

HALL, R. *Organizations*: Structures, processes, and outcomes. New Jersey: Prentice-Hall, 1999.

HAMILTON, G.; BIGGART, N. Market, culture, and authority: A comparative analysis of management and organization in the Far East. *American Journal of Sociology*, v. 94, 1988.

HANNAN, M. Organizational population dynamics and social change. *European Sociological Review*, v. 4, n. 2, p. 95-109, 1988.

HANNAN, M.; FREEMAN, J. Structural inertia and organizational change. *American Sociological Review*, v. 49, p. 149-164, 1984.

______. The population ecology of organizations. *American Journal of Sociology*, v. 82, p. 929-964, 1977.

HATCH, M. J. *Organization theory*. Oxford: Oxford University Press, 1997.

HELFAT, C.; PETERAF, M. The dynamic resource-based view: Capability lifecycles. *Strategic Management Journal*, v. 24, n. 10, p. 997-1.010, 2003.

HICKSON, D. J. *et al.* A strategic contingencies' theory of intraorganizational power. *Administrative Science Quarterly*, v. 16, n. 2, p. 216-229, 1971.

HININGS, C.; GREENWOOD, R. *The dynamics of strategic change*. Nova York: Basil Blackwell, 1988.

HOMANS, G. [1949]. Algumas correções às "perspectivas de Elton Mayo". In: ETZIONI, A. *Organizações complexas*. São Paulo: Atlas, p. 132-134, 1960.

________. *The human group*. Nova York: Harcourt, Brace and Company, 1950.

KATZ, D.; KAHN, R. *The social psychology of organizations*. Nova York: John Wiley & Sons, 1966.

LAWRENCE, P.; LORSCH, J. [1967]. *As empresas e o ambiente*. Petrópolis: Vozes, 1976.

LEE, A. McC. [1939]. Individual and environment. In: LEE, A. McC. (ed.). *Principles of sociology*. Nova York: Barnes & Noble, p. 285-298, 1953.

LEWIN, K. [1951]. *Teoria de campo em ciências sociais*. São Paulo: Pioneira, 1965.

LOUNSBURY, M. Institutional sources of practice variation: Staffing college and university recycling programs. *Administrative Science Quarterly*, v. 46, p. 29-56, 2001.

LUHMANN, N. *Social system*. Stanford: Stanford University Press, 1995.

______. *Sociologia do direito I*. Rio de Janeiro: Tempo Brasileiro, 1983.

MACHADO-DA-SILVA, C. *et al*. Mudança e estratégia nas organizações: Perspectivas cognitiva e institucional. In: VIEIRA, M. M.; OLIVEIRA, L. M. B. *Administração contemporânea*: Perspectivas estratégicas. São Paulo: Atlas, p. 102-118, 1999.

MACHADO-DA-SILVA, C.; FONSECA, V. Competitividade organizacional: Conciliando padrões concorrenciais e padrões institucionais. In: VIEIRA, M.; OLIVEIRA, L. (orgs.). *Administração contemporânea*. São Paulo: Atlas, p. 27-39, 1999.

MALINOWSKY, B. [1944]. *Uma teoria científica da cultura*. Rio de Janeiro: Zahar, 1962.

MARCH, J.; SIMON, H. [1958]. *Teoria das organizações*. 2. ed. Rio de Janeiro: Editora da FGV, 1972.

MEYER, J.; ROWAN, B. Institutionalized organizations: formal structure as myth and ceremony. In: POWELL, W.; DIMAGGIO, P. (eds.). *The new institutionalism in organizational analysis*. Chicago: The University of Chicago Press, p. 41-62, 1991.

MEYER, J. *et al*. Ontology and rationalization in the Western cultural account. In: SCOTT, W. R.; MEYER, J. (eds.). *Institutional environments and organizations*. Thousand Oaks: Sage, p. 9-27, 1994.

MEYERSON, D. Interpretations of stress in institutions: The cultural production of ambiguity and burnout. *Administrative Science Quarterly*, v. 39, p. 628-653, 1994.

NORRIS, C. *Epistemologia* – Conceitos-chave em filosofia. Porto Alegre: Artmed, 2005.

OLIVER, C. The collective strategy framework: An application to competing predictions of isomorphism. *Administrative Science Quarterly*, v. 33, n. 4, p. 543-561, 1988.

_______. Sustainable competitive advantage: Combining institutional and resource-based views. *Strategic Management Journal*, v. 18, p. 697-713, 1997.

_______. Strategic responses to institutional processes. *Academy of Management Review*, v. 16, n. 1, p. 145-179, 1991.

ORTON, J.; WEICK, K. Loosely coupled systems: a reconceptualization. *Academy of Management Review*, v. 15, n. 2, p. 203-223, 1990.

OUCHI, W. Markets, bureaucracies and clans. *Administrative Science Quarterly*, v. 25, p. 129-141, 1980.

PARSONS, T. Suggestions for a sociological approach to the theory of organizations I. *Administrative Science Quarterly*, v. 1, n. 1, p. 63-85, 1956a.

_______. Suggestions for a sociological approach to the theory of organizations II. *Administrative Science Quarterly*, v. 1, n. 2, p. 225-239, 1956b.

_______. *The social system*. Glencoe: Free Press, 1951.

PENNINGS, J. M. The relevance of the structural-contingency model of organizational effectiveness. *Administrative Science Quarterly*, v. 20, pp. 393-410, 1975.

PFEFFER, J.; SALANCIK, G. [1978]. *The external control of organizations*: A resource dependence perspective. Stanford: Stanford University Press, 2003.

PRESTES MOTTA, F.; BRESSER PEREIRA, L. C. *Introdução à organização burocrática*. 3. ed. São Paulo: Brasiliense, 1983.

PRESTES MOTTA, F.; VASCONCELOS, I. F. G. *Teoria geral da administração*. São Paulo: Thomson, 2005.

PUGH, D. *et al*. Dimensions of organizational structure. *Administrative Science Quarterly*, v. 13, n. 1, p. 65-105, 1968.

RICE, A. K. *Productivity and social organization* – The Ahmedabad experiment. Londres: Tavistock Publications, 1958.

_______. *The enterprise and its environment*: A system theory of management organization. Londres: Tavistock Publications, 1963.

RICE, A. K.; TRIST, E. L. Institutional and sub-institutional determinants of change in labour turnover. *Human Relations*, v. 5, p. 347-472, 1952.

ROBERTS, P.; GREENWOOD, R. Integrating transaction cost and institutional theories: toward a constrained-efficiency framework for understanding organizational design adoption. *Academy of Management Review*, v. 22, n. 2, p. 346-373, 1997.

ROBINS, J. Organizational economics: notes on the use of transaction-cost theory in the study of organizations. *Administrative Science Quarterly*, 32, n. 1, pp. 68-86, 1987.

SCOTT, W. R. Institutions and organizations: Toward a theoretical synthesis. In: SCOTT, W. R.; MEYER, J. (eds.). *Institutional environments and organizations*: Structural complexity and individualism. Thousand Oaks: Sage, p. 55-80, 1994.

_______. *Organizations*: Rational, natural, and open systems. 3. ed. Englewood Cliffs: Prentice-Hall, 1992.

_______. *Institutions and organizations*. 2. ed. Londres: Sage, 2001.

SCOTT, W. R.; CHRISTENSEN, S. (eds.). *The institutional construction of organizations*. Thousand Oaks: Sage, 1995.

SCOTT, W. R.; MEYER, J. (eds.). *Institutional environments and organizations*: Structural complexity and individualism. Thousand Oaks: Sage, 1994.

SCOTT, W. R.; RUEF, M.; MENDEL, P.; CARONNA, C. *Institutional change and healthcare organizations*. Chicago: University of Chicago Press, 2000.

SELZNICK, P. Foundations of the theory of organization. *American Sociological Review*, v. 13, n. 1, p. 25-35, 1948.

_______. *TVA and the grass roots*. Nova York: Harper Torchbooks, 1949.

_______. *Leadership in administration*. Nova York: Row, Peterson and Co., 1957.

_______. Institutionalism old and new. *Administrative Science Quarterly*, v. 41, p. 270-277, 1996.

SIMON, H. [1945]. *Comportamento administrativo*. 2. ed. Rio de Janeiro: Editora da FGV, 1970.

THOMPSON, J. [1967]. *Dinâmica organizacional*. São Paulo: McGraw-Hill do Brasil, 1976.

THOMPSON, J.; McEWEN, W. Organizational goals and environment: goal-setting as an interaction process. *American Sociological Review*, v. 23, n. 1, p. 23-31, 1958.

THORNTON, P. *et al.* Institutional logics and institutional change in organizations: transformation in Accounting, Architecture, and Publishing. In: THORNTON, P. *Transformation in cultural industries*. Amsterdam: Elsevier, p. 125-170, 2005.

TOLBERT, P. Resource dependence and institutional environments: sources of administrative structure in institutions of Higher Education. *Administrative Science Quarterly*, v. 30, p. 1-13, 1985.

TOLBERT, P.; ZUCKER, L. The institutionalization of institutional theory. In: CLEGG, S. *et al.* (eds.). *Handbook of organization studies*. Londres: Sage, p. 175-190, 1996.

_______. Institutional sources of change in the formal structure of organizations: The diffusion of civil service reform, 1880-1935. *Administrative Science Quarterly*, v. 28, p. 22-39, 1983.

TRIST, E. L.; BAMFORTH, K. W. Some social and psychological consequences of the longxwall method of coal-getting: an examination of the psychological situation and defenses of a work group in relation to the social structure and technological content of the work system. *Human Relations*, v. 4, n. 3, p. 3-38, 1951.

VON BERTALANFFY, L. *Teoria geral dos sistemas*. 2. ed. Petrópolis: Vozes, 1975.

WAHRLICH, B. M. S. *Uma análise das teorias de organização*. 5. ed. Rio de Janeiro: Fundação Getúlio Vargas, 1986.

WEBER, K.; GLYNN, M. Making sense with institutions: context, thought and action in Karl Weick's theory. *Organization Studies*, v. 27, n. 11, p. 1.639-1.660, 2006.

WEICK, K. *The social psychology of organizing*. Reading: Addison-Wesley Publishing Company, 1969.

WERNERFELT, B. A resource-based view of the firm, *Strategic Management Journal*, v. 5, p. 171-180, 1984.

WHYTE, W. F. [1959]. Análise da teoria de organização através do processo da interação. In: HAIRE, M. *Teoria da organização moderna*. São Paulo: Atlas, p. 199-232, 1966.

WILLIAMSON, O. *Markets and hierarchies*. Nova York: Free Press, 1975.

_______. The economics of organization: The transaction cost approach. *American Journal of Sociology*, v. 87, n. 3, p. 548-577, 1981.

_______. The new institutional economics: Taking stock, looking ahead. *Journal of Economic Literature*, v. 38, n. 3, p. 595-613, 2000.

WRONG, D. The oversocialized conception of man in modern sociology. In: COSER, L. (ed.). *The pleasures of sociology*. Nova York: Mentor Book, p. 8-25, 1961

ZUCKER, L. Institutional theories of organizations. *Annual Review of Sociology*, v. 13, p. 443-464, 1987.

_______. The role of institutionalization in cultural persistence. In: POWELL, Walter; DIMAGGIO, P. (eds.). *The new institutionalism in organizational analysis*. Chicago: The University of Chicago Press, p. 83-107, 1991.

Coleção Debates em Administração

Assédio Moral no Trabalho
Maria Ester de Freitas; Roberto Heloani e Margarida Barreto

Cultura Organizacional
Maria Ester de Freitas

Empreendedorismo
Marcelo Marinho Aidar

Empresas em Rede
Sérgio G. Lazzarini

Ensino e Pesquisa em Administração
Carlos Osmar Bertero

Estratégia Internacional da Empresa
Fábio Luiz Mariotto

Expatriação de Executivos
Leni Hidalgo Nunes; Isabella F. Gouveia de Vasconcelos e Jacques Jaussaud

Filosofia e Organizações
Yvon Pesqueux

Gestão da Inovação Tecnológica
Tales Andreassi

Negócios Internacionais
Ana Lucia Guedes

O Poder nas Organizações
Cristina Amélia Carvalho e Marcelo Milano Falcão Vieira

Organizações em Aprendizagem
Isabella F. Gouveia de Vasconcelos e André Ofenhejm Mascarenhas

Teoria Crítica nas Organizações
Ana Paula Paes de Paula

Teoria da Decisão
Luiz Flavio Autran Monteiro Gomes

Uso de Casos no Ensino de Administração
Roberto C. Fachin; Betania Tanure de Barros e Roberto Gonzalez Duarte

IMPRESSÃO E ACABAMENTO:
YANGRAF Fone/Fax: 2095.77.22
e-mail:yangraf.comercial@terra.com.br